赢在制度
胜在执行

贺运政◎著

煤炭工业出版社
·北 京·

图书在版编目（CIP）数据

赢在制度 胜在执行 / 贺运政著. -- 北京：煤炭工业出版社，2018

ISBN 978-7-5020-6903-2

Ⅰ.①赢… Ⅱ.①贺… Ⅲ.①企业管理制度—研究 Ⅳ.①F272.9

中国版本图书馆 CIP 数据核字(2018)第 222084 号

赢在制度 胜在执行

著 者 贺运政
责任编辑 高红勤
封面设计 胡椒书衣

出版发行 煤炭工业出版社（北京市朝阳区芍药居 35 号 100029）
电 话 010-84657898（总编室） 010-84657880（读者服务部）
网 址 www.cciph.com.cn
印 刷 北京楠萍印刷有限公司
经 销 全国新华书店

开 本 710mm×1000mm 1/16 印张 14 字数 190 千字
版 次 2019年1月第1版 2021年4月第2次印刷
社内编号 20181190 定价 42.00 元

前言

没有规矩，不成方圆。在当前急剧变化的市场环境中，对于任何企业管理者而言，制度是克敌制胜的根本之道，执行力对于组织的生存与发展来说至关重要，只有那些能够对市场环境变化反应及时，并做出迅速应变的企业才可能在变动不居的环境中赢得先机。要想创一番大业，成为一代企业家，一定要完善企业制度和标准，锻造企业员工的“秘密武器”——执行力。

有的企业虽然也制定了一些制度，但是有的模糊，有的残缺，有的脱离实际且执行力弱，甚至标准不一。同样的事情，对 A 这样做，对 B 又变了。同样的事情，下面的人怨声迭起，意见颇多，大大小小的领导们、头头儿们每天都在“灵活”地处理着繁琐的问题，起作用的不是做事的原则，不是科学规范的制度，而是人际、人情，是主观的臆断甚至武断。常常是领导累得头晕脑胀，苦不堪言，事情却一点头绪也没有。

“没有执行力，哪有竞争力”，被誉为“世界第一经理人”的杰克·韦尔奇高度重视企业执行力；“微软在未来十年，所面临的挑战就是执行力”，微软集团前总裁比尔·盖茨把企业执行力视为重中之重。

执行在企业怎么强调都不为过，阿里巴巴集团董事局主席马云说：三流的点子加上一流的执行力，永远要比一流的点子加上三流的执行更好。世界上一流的企业，日产、联邦快递、麦当劳、海尔、联想都非常看重执行。这些企业把执行写在企业的宣言书里，他们用一流的执行力来打造世界超一流企业。执行力对于个人，对于企业来说都是一种竞争力。

无论什么时候，制度和执行都是企业运行的基石，也是企业赢利的根本，规章制度松懈，执行力度不够，是一个问题的两个方面。企业都在寻找坚决服从、尽职尽责、追求结果的卓越执行者。那种不能创造价值，不能提供结果的，不是真正的执行力，只是走过程、完任务而已。

对多数人而言，工作的过程就是落实，就是执行。优秀者向来重视执行力，他们兢兢业业、任劳任怨，扎实高效地干好自己的本职工作，不折不扣地执行任务，他们总是能在最短的时间内拿出让人满意的结果。因此，每一个企业的管理者，尤其是一线的执行者，都应该着力培养自己的制度意识和执行意识。须知，良好的规章制度和执行到底的作风是企业发展和赢利的基本保证。

这本《赢在制度　胜在执行》付诸出版，旨在帮助读者朋友们详细了解在企业管理中用制度管人最为关键的环节以及如何提升执行力，本书对制度的本质、制度管人的原则、制度执行的重要性、制度落实、如何提升个人以及团队的执行力等方面进行了深入而又全面的探讨，并提供了一系列提高执行力的工作方式。

衷心希望本书能为广大读者提供一定的帮助。

作　者

2018 年 9 月

目录

第三章　无情的制度，有情的管理

第四章　别让管理输在执行上

第五章　制度是基础，执行是关键

第八章　用脑去思考，用手去执行

第九章　管好自己，才能管好执行的结果

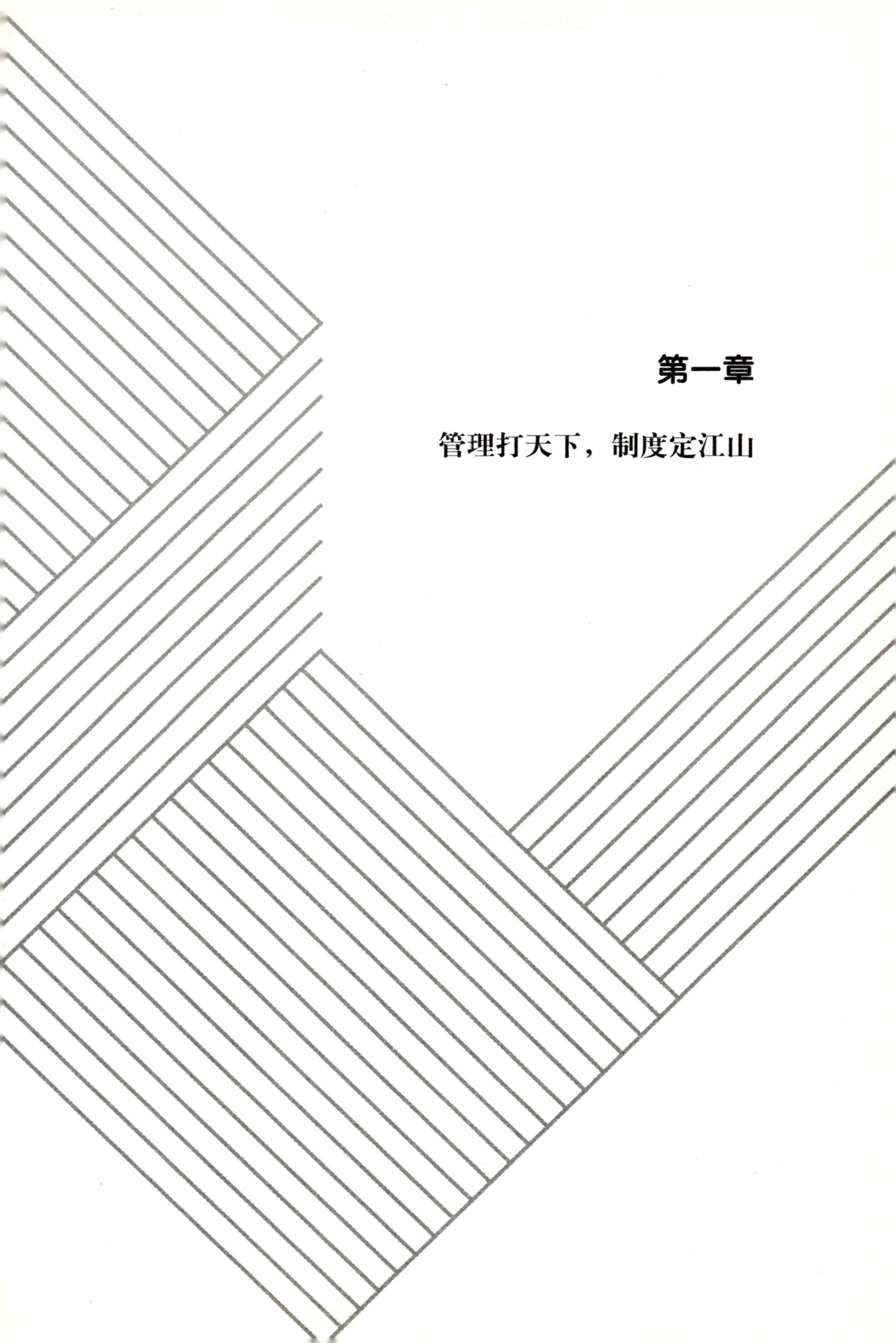

第一章

管理打天下，制度定江山

01 管理的本质是制度

美国哈佛大学的前身实际上只是一个地方小学院。探究其发展壮大的秘诀，即不管别人怎么议论，哈佛人总是坚守他们长期以来在管理上坚定不移的信仰与毫不动摇的执行理念：法理第一，规则高于一切。

根据记载，当年哈佛牧师立遗嘱时，把他的一块地皮和250本书遗赠给了当地的一所学院——现在的哈佛大学。此后，哈佛学院一直把牧师的这250本书珍藏在哈佛楼里的一个图书馆内，并规定学生只能在馆内阅读，不能带出馆外。

1764年的一天深夜，一场大火烧毁了哈佛楼，所有书籍因此化作灰烬。在此之前，一名学生碰巧把哈佛牧师捐赠的一册名为《基督教针对魔鬼、世俗与肉欲的战争》的书带出了图书馆，他打算在宿舍里优哉游哉地阅读。

第二天，当哈佛楼遭遇大火的消息传开后，这位学生很快意识到，他从图书馆携带出的那本书已是哈佛牧师捐赠的250本书中唯一存世的一本了，当然，这本书也就成了价值连城的珍品。经过一番思想斗争后，这位学生还是找到了当时的校长霍里厄克，并把书还给了学校。

这件事情的结果既是特殊的，也是意味深长的。校长收下了书，并对这位学生表示了最衷心的感谢，不过校长随后即下令将这位学生

开除出校，理由是他违反了校规。

这似乎有些不讲情理，怎么能这样对待这位无私的学生呢？谁都知道，这本书是哈佛牧师所捐赠的书籍中唯一存世的一本，也是世间绝品，价值不可估量。然而哈佛有哈佛的理念，而且哈佛的理念不能有丝毫偏离：法理第一，规则高于一切。让校规看守哈佛的一切比道理看守哈佛更安全有效。换言之，让规则管理哈佛并且坚定不移、毫不动摇地执行之，这是哈佛人永远的理念和行事态度，也是他们的成功保障。

哈佛规则的故事给了我们许多启示。其中，最重要的一个启示就是：管理最本质的内涵是规则。无论是已发展到一定规模的组织还是刚刚成立的新组织，都需要一些规章制度来进行规范管理。制定制度本身并不难，难的是制度的执行。

其主要原因在于：制度的执行实际上是在规范和改变成员的工作习惯。中国有句俗话叫“江山易改，本性难移”，改变一个人的习惯是相当困难的，况且制度是要改变所有成员的工作习惯，其难度可想而知。

所以在制定各项制度时，不但要确保制度的正确性，更重要的是要保证制度在实施时能被成功地执行。为此，制定制度不能草率。制定管理制度要符合以下十大原则：

1．让当事人参与的原则

让当事人参与是制定制度的一个重要原则。如果这个制度是针对整个组织的，就要尽量使组织的全体成员都参与到制度的制定中来；如果只是针对某个工作流程而制定的制度，则需要请相关的成员参与进来。一般的做法是由起草人进行认真调查之后，起草制度的草案，将该草案公布于众，让大家进行讨论和修改，并由起草人收集意见进行修改。对于重点的当事人，起草人要个别征求他们的意见，并做认真的记录和总结。

要注意的是，在收集到的意见中，会有80%的意见是重复的或不可行的（对这些意见要向提出人做耐心的解释），只有20%的意见真正有作用。但这种让当事人参与制度制定的形式仍不可缺少，因为这种参与的形式比参与的结果更加重要。

虽然让当事人参与进来会让制度的制定变得复杂起来，但却会为今后制度的执行减少很多障碍。人本能地会对约束他的东西产生反感，而制度恰恰是约束人的东西。让成员参与到制度的制定中来，可以减少这种反感，因为人们都不会讨厌自己的劳动成果。

2. 简明扼要的原则

制度是需要执行的，当成员对制度本身无法深入了解时，就谈不上能很好地执行。制度是针对所有当事人的，所以制度本身的语言描述应该尽可能地简明、扼要、易懂，并且不产生歧义，让所有的当事人都可以轻松地理解。另外，制度不必非常缜密和完备。首先，这样会损害制度的简明性和易懂性，不利于制度的执行；其次，每位成员都对制度有基于常识的认识和理解，而这些常识性的东西不必在制度中面面俱到。

3. 不求完善但求公正的原则

在制定新制度时，很难做到一次性制定得非常完善。随着组织的发展和管理水平的提高，可能还要不断地对制度进行修改和充实。制定制度是为了使用，所以制度一定要适合组织。在制度执行的过程中，可能会因为制度本身的不完善和不合理而出现一些问题，但这些不应该影响制度的公正执行。比起制度的完善性，成员往往更加关心执行制度的公正性，所以对于制度的制定者来说，应该更加关心执行的公正性。

4. 系统和配套的原则

制度要全面、系统和配套，基本章程、各种条例、规章、办法要构成一个内在一致、相互关联的体系。同时要保证制度的一贯性，不能

前后矛盾、漏洞百出，要避免发生相互重复、要求不一的情况，同时要避免疏漏，形成一个完善、封闭的系统。

5．从实际出发的原则

从实际出发是制定制度必须遵守的重要原则。制定制度要从组织的实际出发，根据组织的构成内容、工作对象、管理协调的需要，充分反映各项组织活动的规律性，体现组织的特点，保证制度具有可行性和实用性，切忌追求时髦、流于形式。

6．重视成员工作习惯的原则

懒惰是人的一大天性，没有人愿意主动改变自己熟悉的工作方式，所以在制定制度时，一定要认真分析现有的工作流程和工作习惯。在达到目标的原则上，要尽可能地继承原有的流程和习惯，这样才能有效地保证日后制度的执行。

7．以需要为依据的原则

制度的制定要以需要为依据，即制度的制定要从需要出发，而不是为制度而制度。需要是一项制度制定与否的唯一标准，因为制定不必要的制度，反而会扰乱组织的正常活动。如有些非正式的行为规范或习惯能很好地发挥作用，就没有必要制定类似内容的行为规范，以免伤害成员的自尊心和工作热情。

8．具有先进性的原则

制度是一个组织的“骨架”，先进的制度有利于组织的正常运营，因此，制定制度一定要从调查研究入手，总结本组织的经验，同时吸收其他组织的先进经验，引进现代管理技术和方法，保证制度的先进性。

9．采取措施、改造习惯的原则

新制度的执行过程就是改变员工工作习惯的过程。管理者应该很清楚地认识到该制度的执行会带来哪些工作习惯的改变，这种改变是否可以让员工接受，接受的程度是多少。根据具体情况，管理者必须采取一些辅助措施来加强对员工工作习惯的改变，比如在新制度执行时，进行制度培训，或进行频繁的抽查和监督等。

10. 具有操作性的原则

制度必须具有可操作性，否则就失去了制定制度的意义。要想使制度易于操作，最好在制度中就明确一般的操作方法。另外，要写明制度的原则，这样便于对特殊情况进行处理（最好能规定出解释权的归属部门）。

02　重视制度才能卓越

企业制度是企业赖以生存的基础，是企业行为准则和有序化运行的体制框架，是企业员工的行为规范和企业高效发展的活力源泉。一个完善的制度能够给企业带来成功和喜悦，而一个不完善的制度会给企业带来无穷的失败和痛苦。

很久以前有五个和尚住在一起，他们每天都分食一大桶米汤。但是因为贫穷，他们每天的米汤都是不够喝的。一开始，五个人抓阄来决定谁分米汤，每天都是这样轮流。于是每星期，他们每个人都只有在自己分米汤的那天才能吃饱。

后来经过研究，他们推选出一位德高望重的人来分。然而好日子没过几天，在强权下，腐败产生了，其余四个人都学会想尽办法去讨好和贿赂分汤的人，最后几个人不仅还是饥一顿饱一顿，而且关系也变得很差。然后大家决定改变战略方针，每天都要监督分汤者，把汤一定要分得公平合理。这样纠缠下来，所有人的汤喝到嘴里全是凉的。

因为都是聪明人，最后大家想出了一个方法：轮流分汤。但分汤的人一定要等其他人都挑完后，喝剩下的最后一碗。这个方法非常好，为了不让自己吃到最少的，每人都尽量分得平均。在这个好方法执行后，大家变得快快乐乐、和和气气，日子也越过越好。

同样的五个人，不同的分配制度，就会产生不同的效果。所以一个单位如果没有好的工作效率，那一定存在机制问题。如何制订这样一个制度，是每个领导需要考虑的问题。

如果企业缺乏明确的规章、制度和流程，那么工作中就很容易产生混乱状况。很多企业都会遇到由于制度、管理安排不合理等方面造成的损失。有的工作好像两个部门都管，但其实谁都没有真正负责，因为公司并没有明确的规定，所以两个部门彼此都在观望，原来的小问题就被拖成了大问题，最终给公司造成了极大的浪费。更可怕的是，没有完善的制度会使整个组织无法形成凝聚力，缺乏协调精神、团队意识，导致工作效率低下。

制度对于企业来说，其根本意义在于能够为每个员工创造一个求赢争胜的公平环境。所有员工在制度面前一律平等，他们会按照制度的要求进行工作，会在制度允许的范围内努力促进企业效益和个人利益最大化，从而使各个团队在良好的竞争氛围中实现绩效的突飞猛进。制度为员工的行为画出了规矩方圆，令员工知道哪些行为是被允许的，哪些是被禁止的。

英国首相丘吉尔曾说："制度不是最好的，但制度却是最不坏的。"远大空调董事长张跃说："有没有完善的制度，对一个企业来说，不是好和坏之分，而是成与败之别。没有制度是一定要败的。"在今日竞争日益激烈的商业社会，制度才是克敌制胜的根本之道。对于任何企业管理者而言，要创一番大业，成一代企业家，一定要多琢磨一下那句老话"无规矩不成方圆"，一定要"完善制度和标准"，锻造企业制胜的"秘密武器"。

但需要提醒管理者的是，企业制度制定后，并不是一成不变的。

任何制度的确定都很难一次就做到完美，在执行的过程中还应根据市场的需要和商业环境的变化，进行不断的调整。如果在执行过程中发现了问题，要及时对制度进行修订，使其更加完善。企业的制度如果不能随着环境的变化而有所改变，制度不仅会失效，甚至会起到反作用，企业将会被淘汰。

03 制度建设要与时俱进

许多成功的企业，都将自己的成功归因于拥有成熟的制度模式。所以，在市场竞争变化面前，企业的管理者们往往信心满满，从不怀疑和否定自己旧有制度继续存在的价值。然而由于墨守成规，企业昔日的辉煌便慢慢蜕变成了生存道路上的障碍，成为可怕的组织惯性。

有一个关于猴子的试验：研究者把3只猩猩关进一个大笼子里，然后在笼子中间吊上一根大香蕉。但是只要有猩猩伸手去拿香蕉，研究者就拿高压水枪去喷所有的猩猩，直到所有的猩猩都不敢再去够那根香蕉为止。

接下来，研究者用一只新猩猩替换出笼子中的一只猩猩。新来的猩猩并不知道笼中的“规矩”，所以一来就动手去拿香蕉。它的这种行为是不符合笼中规则的，于是另外两只“老”猩猩就对新来者群起而攻之，直到它屈从为止。这本是由高压水枪实施的惩罚任务，现在完全由两只老猩猩“亲自”执行了。

研究者用同样的方法，不断用新猴子将经历过高压水枪惩戒的那些老猩猩换出来，直到笼子中的猩猩都是后进入者，但是它们同样把那串香蕉奉若神明。研究表明，高压水枪喷头威慑出来的“组

织惯性”束缚着每一只进入笼子的猩猩，使它们将本是腹中美餐的香蕉束之高阁。

这个案例形象地揭示了组织惯性的形成过程。在风云变幻的市场竞争环境中，企业要想赢得优势，就必须学会随着时代的发展变化而迅速调整方针制度，否则就只能像案例中的猩猩一样，在昨天的教训上故步自封，白白浪费掉明天的大好机会。优秀企业的衰退并非是因为它面对变化束手无策，而在于它所采取的行动不能顺应时代。

一个企业在确定了其经营管理模式后，企业成员可以在实践中摸索出它的程序，并逐渐习惯地运用这套程序去解决各种问题。习惯成自然，在实践中，管理者与员工很少会再去思考这些方法是否依然合理、有效。

曾见过一家大型公司招聘，该公司计划招聘 25 名新员工，公司招聘制度明确规定，只有文化考试成绩在前 25 名的人才能有资格被录取。有一候选人，人品和性格都很好，并且拥有丰富的关系资源，这些关系资源能给公司带来较大的新的业务发展机会。但是他的招聘考试成绩并不理想，排在第 26 名。面对这种情况，公司困惑了：是录取他，还是放弃他？公司领导层权衡再三，最后还是决定忍痛割爱。原因只有一个：公司的招聘制度不能违反，这是公司的“铁的纪律”！

然而，该公司的行为引起了社会上很多人士的质疑。什么才算是公司“铁的纪律”？铁的纪律应该至少符合两个基本条件。首先是制度的时效性，就是说该制度必须符合企业与时俱进的发展要求，符合企业应对同业竞争和市场现状；其次是制度的前瞻性，公司的制度在时效性的基础上，更要能够引领企业走在其他企业前面，并符合时代潮流的发展方向。如果公司制度不能引领企业加速发展，甚至落后于发展的潮流，那么这样的制度早就应束之高阁。

20 世纪 80 年代，日本丰田俨然成了全球的经营管理之神。尊重资历，终身雇佣，曾经被认为是日本企业管理中富有东方特色的人才管理法宝。这种制度既向公司提供稳定可靠的人力资源，又给予员工工作安全感，的确是劳资两利，皆大欢喜。

然而时空的转换，经济萧条的阴影使良策变为沉疴，一大堆忠心耿耿的员工反而带给企业冗员囤积的压力。资历不等于能力，而且还是进步的障碍。终身雇佣制造成劳动力老化，导致劳动力素质下降。

国际竞争激烈，国内市场萧条，处在内忧外患夹击之下的丰田汽车公司率先坦诚宣告：终身雇佣制是昂贵的负担。决心改革招聘人才的制度，告别终身雇佣制，实行专业人才聘约制度。新制度按照需要实行按年度聘任制，最长为 5 年。所聘人才大都 30 出头，年轻有为又富有经验，是职场精英。

制度的执行先从创造性要求比较高的设计部门开始，10% 的新员工采取聘任制度，最终实现所有“白领”皆循此法。所聘英才，工作上享有很大的自由，工资却比同级实行终身雇佣制的“白领”高出许多。丰田公司 35 岁左右的技术人员，服务满 14 年，年收入约 6 万美元；而这批新的丰田骄子，起薪就是 9 万美元，如果表现突出，来年调资增幅可达 100%。

相比较而言，新制度更容易调动员工工作的积极性，减轻了企业的负担，让企业呈现出一片生机盎然的春天之景，洗去了过去终身雇佣制的阴霾。

可以说，时效性、前瞻性是企业制度缺一不可的特质，是其生命的根基。为了使企业能够真正拥有“铁的纪律”，企业的领导者就必须对所有不具有时效性和前瞻性的规章制度进行及时而全面的梳理、修订，这样才能使企业朝先进、科学的方向发展。企业的招聘制度应该不断完善，以免使企业和真正优秀的人才擦肩而过。

04　不断完善制度是成功管理的基础

台塑公司是台湾著名的企业集团，它的成功很大程度依赖于严格的制度化管理。像台塑这样的一个人员庞杂、事务繁多的大型企业集团，从人到事都很复杂，如果没有严格有效的管理制度，企业便会像一盘散沙，难以有所成就。

台塑的董事长王永庆依靠严明的规章制度，不仅把台塑管理得井然有序，而且令各部门相互协作、相互配合，使企业成为一个有机体，从而生生不息、蓬勃发展。

制度化管理是世界上知名大企业最宝贵的经验。台塑的管理制度从无到有，再到今天达到完备的程度，都是由王永庆和他的幕僚们经过艰辛的劳动和沉痛的失败打击之后，一点一滴地不断积累起来的。

王永庆对工作中的细枝末节研究得非常透彻，因此他对整个企业从细节到全局都把握得很准确，在这个基础上，他对工作中涉及的事情尽可能详细地研究、讨论，制定出最合理的操作规程，像燕子垒巢那样，一口一口地衔来泥土垒成他的“制度之巢”。

台塑规章制度的设立遵循三个原则：第一，必须切实可行，不能不切实际，好高骛远，不着边际；第二，各项工作都有法可依。遵照这些规章办事，既能提高整体协调性，又能提高工作效率；第三，必须做到公平、合理，为所有员工提供一个公平的竞争环境。

台塑实施制度化管理要达成以下目标：第一，为员工从事生产和经营提供操作规范和合理的工作步骤；第二，使工作的数量和质量在考评上有法可依，从而为管理者对员工的考核和评价提供方便。台塑在最初实施制度化管理时由于没有经验，“摸着石头过河”，不仅速度慢，而且时常出错，造成了不少损失。但是他们不怕失败，哪里跌倒了，就从哪里爬起来。并通过失败，不断总结经验，修正错误，终于建立起了一套完备、合理的管理制度。

那么台塑现在的管理制度是一种什么情况，达到了何种程度呢？用台塑人的话来说，就是“要想在台塑舞弊，无异于从十二层高的楼顶上跳下去捡一块金砖，其结果必定会粉身碎骨”。台塑的管理制度，从建立之初至今，经过一而再、再而三的修改，已经被国内外专家公认为十分完善的了。然而面对不绝于耳的赞誉之词，王永庆总说，台塑的管理制度还不够健全，台塑的明天将比今天更加美好。

再完善、再有效的制度，如果将其束之高阁，不去推行，也没有用，就跟没有制度一样；但是再不完善的制度，如果得到切实的贯彻执行，在实践中不断地发现问题，及时修改，最后也会逐渐完善起来。台塑就是基于这样的认识，首先致力于推行，让实践去证明这项管理制度的优劣。任何一项制度，能否真正得到贯彻执行，关键是看管理者的决心，如果管理者“铁了心”，全身心地投入，那么即使有再大的困难，也会取得最终的成功。

台塑的管理制度，在开始执行的时候，像所有的新生事物一样，面临着来自方方面面的敌视、怀疑、排斥和阻挠，但王永庆是个下定了决心就决不后退的人，他像培育幼苗一样，精心抚育这个新生事物，促进它尽快成长。台塑的“午餐会报”最初就是为了配合管理制度的有效推行而开展起来的。

在“午餐会报”上，王永庆对于各项制度的贯彻执行进行连珠炮式的轮番“轰炸”，尤其在细节问题上常把主管们出其不意地问倒。对于在“午餐会报”上表现不理想的主管，王永庆会毫不留情地予以撤职或调换。在这样的压力和鞭策下，谁还敢不身体力行地去推行这些管理制度？

另外，台塑由于下属企业多，人员复杂，光靠王永庆的力量是不能做到面面俱到的。为了使各项管理制度能够真正深入人心，渗透到企业的各个角落，台塑在 1973 年正式成立了“总管理处总经理室”，该部门作为王永庆的耳目，追踪和督促各单位、各部门的执行情况，并随时向王永庆汇报。这样，经过漫长而艰辛的 6 年时间，这些管理制度终于在 1979 年初见成效，发挥了较大的作用。

王永庆和他的幕僚们并没有因此而沾沾自喜，举步不前，他们深知万事万物都在发展变化，各种情况瞬息万变。初步的成效只是“小荷才露尖尖角”，绝不能从此高枕无忧，任其自由发展。于是他们在推行该制度的实践中不断地进行深入、细致的检查，一旦发现不合理之处，就马上对症下药，通过研究找出确切可行的改进办法，做出修改后，再进行贯彻；然后再发现问题，再做修改……这样周而复始，循环不止，使制度不断地趋于完善。

王永庆永远不满足他所取得的成绩，“已有的，已是过去；欲求的，还有征程”。在他的眼中，台塑的管理制度永远不会是最好的。正是靠着这种精神，台塑人从一个胜利走向另一个胜利。

分析台塑规章制度的三原则、制度化管理要达成的目标就可以看出，详细周密的管理制度实质上是“一切合理化”在管理中的实际应用。科学地制定制度、有效地执行制度、灵活地运用制度、不断地完善制度是台塑成功管理的本质，也是台塑集团蓬勃发展的保障。

05　制度化管理的两大原则

制度化管理倾向于把组织设计为一台精确、完美无缺的机器，它讲究规律、科学和理性，而不考虑个性。组织是由人组成的集团，人有感情，有情绪，有追求，有本能，人不是机器，不可能像机器一样准确、稳定。从这种意义上说，完美的制度化管理只是一种抽象概念。

再者，组织也不能变成一台设计完美的机器，它是在环境中生存和发展的生物有机体，随环境变化调节自身是其基本生存方式之一。这种调节的机制要求组织有活力，有生长发育的机制。这种生长发育的机制和活力的形成及发挥作用，就在于构成组织基础的个人行为。所以组织从生存发展的需要考虑也不可能变成机器。

所以极端的制度化管理既不可能，也不理想。制度化管理强调的也不是极端的制度化，而是以制度化管理体系为基础，谋求制度化与人性、与活力的平衡。在推行制度化管理的同时，要处理好下述两组矛盾平衡关系："经"与"权"；他律与自律。

"经"与"权"是中国的传统说法。"经"指规范、原则、制度；"权"指权宜、权变，即衡量是非轻重，因时、因地、因事制宜。"经"与"权"，即所谓原则性与灵活性、坚持按制度办事与适当变通之意。在管理中，"经"就是坚持管理的基本原则、基本制度，坚持原则性；"权"就是从实际出发，根据情况的变化采取适当措施，必要时采取

变通的办法。

显然，“经”与“权”是一对矛盾。管理中需要按规章制度办事，坚持原则性，这是制度化管理的基本要求；同时，在管理过程中也不能没有灵活性。如何处理“经”与“权”之间的矛盾，是摆在管理者面前的一个难题，在这方面，没有一般的成熟手段可供利用。

根据现实情况和经验反映出的问题，处理“经”与“权”的矛盾需要注意以下两点：①根据组织中的实际情况，应加强“经”的一面，推行制度化管理，即使牺牲部分灵活性也在所不惜。因为传统的和现实的各种原因，会导致现实中原则性太少而灵活性太多。②在基本的方面、关系全局的方面应坚持原则不动摇；而在局部的、无关紧要的方面可以适当放宽，多些灵活性。

他律与自律是指在涉及个人行为的管理时，究竟应该更多地借助于教育、惩罚、强制、约束等外部规范方式，还是更多地依靠个人的觉悟、自觉性、自我约束来达到目的的问题。借助于约束、强制手段规范个人行为称为他律；依靠个人自我控制、自我管理来约束个人行为称为自律。

强调他律还是自律，从根本上来说取决于管理者心目中关于人性的假设。认为人性是“恶”的，以他律为主；认为人性是“善”的，多依靠自律。制度所强调的是他律的一面，但它不是以人性本“恶”为基础，而是出于使个人单独的行为成为有目的性的，在时间、空间、程度等方面都整合了的集体行为的需要，但同样也存在与自律的矛盾。

尽管处理他律与自律的矛盾有各种不同的主张，但有两点是必须注意的：第一，由于个体自觉性、自我约束程度有限，许多组织活动依靠个体自觉性无法按部就班、协调一致地进行，所以，必须充分依靠他律来发挥制度规范的作用。第二，在保证组织活动正常进行的范围内，应尽可能发挥自律的作用，缩小他律的范围。过度地他律会导致信任感降低，助长破坏性，因此必须将他律控制在必要的限度内。自律运用得当，可培养个体自觉性、责任感，从而更好地发挥个人的聪明才智和创造性。

事实上，人与动物的基本区别在于人的行动与决策会受其精神和信念的影响。但人与动物也有相同之处，即趋利避害。只有同时把握这两点，组织才能真正地影响和改变其成员的观念、态度和行为，才能真正地建立起组织所希望的文化。

“春兰在我心中，质量在我手中”是春兰人的信条。质量在春兰文化中占有重要的地位，春兰的质量文化是通过“质量承诺”来实现的。在春兰公司，每个员工都要签订“质量承诺书”，公司则依据“质量承诺书”对员工进行考核。对违规者，公司毫不留情地予以处罚，并张榜公布；凡是达到和超标准完成者，便予以奖励。此举与企业所倡导的质量文化珠联璧合，最终使质量意识深入人心，企业与产品的质量形象也深得消费者信赖。

中国某大型国有企业集团，为了强化员工与企业共命运的精神，便大张旗鼓地进行了一场文化宣传活动，建立齐全的文化娱乐设施，同时年年评先进，宣传典型人物的事迹。这一切活跃了员工的文化生活，但对工作绩效的促进并不明显，员工对企业的认同感也没有多大增加。其原因就是企业没有将文化建设与相应的制度建设结合起来，除被评为先进的部分人受到宣传和奖励外，大部分员工干好干坏、干多干少都一样，并没有在考核、薪酬、奖励等制度上体现出来。

对于成员来说，组织文化是一种“软性”的管理方式，一旦为成员所接受和内化，便能使其自觉地约束个人的行为，使其行为与组织战略目标及前景规划相一致，这种对组织的认同感会使成员将组织的利益放在第一位。而组织制度却是“硬”要执行的，组织文化要内化到成员的意识中，必须以完善的制度环境为基础，组织文化的内涵也要通过组织的制度来体现。

组织文化与制度建设是推动组织这架飞机前进的一对翅膀，折其一，组织就难以按预定的航道向预期的目标顺利飞行；文化与制度建设是跷跷板的两端，偏废其一，组织的发展就会失去平衡。只有组织文化与制度建设协同作战，步调一致，两者才能真正地、最大限度地发挥功效，才能使企业文化逐步形成，并发挥其应有的功效；才能使组织制度得以完善，并落到实处。只有成员的认同感日益加强，组织的凝聚力才能日益强大，组织的文化才能日趋成熟。

06 最好的制度必然是量身定做

管理制度应因企而异。也就是说：管理者要根据企业的实际情况，制定出最适合的一套制度来。任何企业的制度都是不同的，所有卓有成效的制度也必定是最适合该企业的制度。

在德国有一家规模不小的航空企业MBB公司，到这个公司参观的人都可以看到这样一种情景：上下班的时候，员工们把自己的身份卡放入电子计算器上，马上就显示出该员工在本星期已经工作了多少小时。原来该公司实行了灵活上下班制度。公司对员工的劳动只考核其成果，不规定具体时间，只要在所要求的时间内按质量完成工作任务就照付薪金，并按工作质量发放奖金。

由于工作时间有了一定的灵活性，员工不仅免受交通拥挤之苦，而且可以根据工作任务和本人生活方便，与企业共同商定上下班时间。这样，员工感到个人的权益得到了尊重，因而产生了责任感，提高了工作热情。其结果当然是企业也大大受益了。

制度不是永久不变的，需要随着客观环境的变化而变化。尤其是一些家族企业，其管理者应该突破观念的桎梏，建立起现代企业制度。

福特汽车公司作为一家典型的家族企业，从1903年创办至今，斗转星移，历经百年沧桑，却保持了强大的竞争力和生命力，它的一些做法就值得我们关注和借鉴。

福特公司的创始人亨利·福特不仅以其发明和制造汽车本身而流芳百世，更以其“大众化”的价值观而彪炳史册。“要让芸芸众生都买得起、用得上汽车，并将它作为日常交通工具”，这是老福特在20世纪初制造第一辆车时的出发点和根本宗旨。

1956年，福特公司首次在股市上市，这标志着福特走上了新的历程。既然上市集资，公司就成为了公众公司，不再是纯粹的家族企业，所有权发生了变化，这是股份制企业的基本概念。把公司办好、办强，保护广大股东的利益，是福特公司的基本原则。

福特公司现任董事长比尔·福特在2001年的股东大会上指出，汽车是全球性的复杂行业，但复杂的事情中包含简单的道理——要有最好的产品，有了最好的产品就能获胜。2006年，福特公司利润达54亿美元。福特股票的回报率在过去45年里始终高于美国三大股票指数。2007年以来福特分红为4%，是市场平均分红的3倍。

一般来说，随着家族企业规模的不断扩大，家族成员的智慧和能力都会深感不足，必须向社会广招贤士能人，才能进一步发展。家族企业只有社会化才能适应现代化发展的需要。福特公司于1903年成立，至20世纪30年代，福特汽车占世界产量的一半。这样的发展速度和规模，不搞社会化、专业化、区域化乃至全球化显然是不行的。

比尔·福特董事长称，分布在全球各地的35万名员工是“福特家族的扩展”。在亨利·福特二世掌管公司时，公司起用了数百名专业人士，这些人在企业管理、财务会计、人事制度、发展规划、运营战略和市场销售上都有着良好的素质和业绩，被誉为“亨利的副官们”。公司的管理从此走上了专业化、制度化、社会化的轨道。

福特公司的董事长至少有6年是由家族以外的人担任的。福特家族在董事会成员中的比例也在不断下降，除了3名家族成员和聘任的一位CEO外，其余10名成员是从社会各界聘请的著名企业家、金融家、科学家等专家学者。

发达国家的家族企业并非封闭、人治的企业，而是开放、法治的企业。比尔·福特说，公司的经营和重要决策由CEO全权负责，他自己则制订协助管理公司的长远规划和发展方向。家族企业的社会化也是一种信誉，信誉是企业管理中最为宝贵的资产。

家族企业向现代企业制度迈进，其适用的企业制度因时、因地而异，不同行业、不同规模、不同发展阶段和不同背景的企业各有适合自己情况的企业制度，没有普遍适用的标准模式。福特家族企业公众化、社会化和市民化的做法为我们提供了一些有益的启示。

建立完善的制度是企业进行现代化管理必须要做的选择。但是，保证制度的实际效果是管理者必须认真考虑的问题。衡量制度实际效果的重要指标是制度与市场是否接轨，是否能够促进企业出效益。企业的本质任务是赢利，能够促进效益产生的制度就是好制度；否则，制度就是摆设，就是形式，毫无价值可言。所以，制度是否适合，不是靠管理者的感觉来评判的，而是由企业的经济指标来评判。

07　别让不切实际的制度害了公司

企业制定的每一条规章制度都具有一定的刚性，不过，要使制度发挥出最大的效用，就得做到灵活运用。制度化管理并不意味着死板与僵化，如果制度的刚性与管理的柔性不能有效结合，企业制度很难发挥出最大的效益。

春秋时期，晋国有位叫李离的狱官。有一次，在审理一件案子时，李离由于误听了下属的一面之词，将一个犯人错判致死。后来案情真相大白后，李离决定以死赎罪。

晋国国君很看重李离，就劝说他："官有贵贱，罚有轻重。这件案子主要错在下面的办事人员，又不是你的过错。"李离回答道："作为国家的狱官，要保证国家法律的公正。既然我犯了错，就违反了制定的法律。为了保证以后法律的有效实行，我不能打破这个规矩。"说完之后，李离就伏剑自杀了。

制度的建立，是为了保证企业日常管理顺利进行的规范。有制度，就要有执行。企业的管理中，保证制度的刚性是根本。李离以死赎罪，体现了其对国家法律制度的刚性支持。晋国法律得到了有效维护，晋国的国力也定会大为增强。只有保证已有制度得到贯彻执行，才能有效地进行管理。

当然，制度的刚性并不意味着制度就不需要完善。制定制度的目的是对一些模糊不清的事项订出一个明确的标准，因此，制度的时间性很强，绝不可能是不变的定律。当时代与环境发生变化时，制度本身也要随之变化。

有一位军官到炮兵部队视察士兵的训练情况，在操场上他发现了一个奇怪的现象：一个士兵站在大炮底下，一动也不动。军官走到他的面前，问："你站在那儿干什么？"这位士兵敬了军礼后，大声地回答："报告首长，这是我的岗位。"军官感到奇怪，没听说大炮底下要站个人啊，就又问："谁命令你站在这里的？"士兵的回答是："炮兵操练手册上就是这样规定的。"

军官感到更为不解，就命人找来炮兵操练手册。原来，这个手册的内容没有与时俱进，其制定的规定还是遵循着马拉大炮时代的规则。在那个年代里，大炮都是放在马车上，发炮时，士兵需要站在大炮底下死死地把住马车不要滑行，防止马车在大炮的后坐力作用下位置发生变化，增加下次瞄准的时间。

显然现在的大炮已经不是在马车上了，这一规定已经不合时宜。这个故事体现了制度的天然缺陷。企业与企业环境总是会随着时间的推移而不断发展变化，制度也得适应这个变化，才能发挥好作用。因此，管理者必须时刻注意企业的规章制度，发现不切实际或不合情理的情况要及时纠正。一个好的规章制度，必然要不断修改、不断完善。制度要顺应变化，这也要求管理者在企业管理上要具有灵活性。

对于制度的刚性与管理的灵活性，管理者在企业管理中要注意两点：一是制度应该让执行者有一定的自主权，使其能够按照制度的目标来处理某些例外情况，这也是管理的“例外原则”的精义所在；二是要让制度的执行者对企业的理念有深刻的认识，为了企业的理念，能够灵活地处理例外情况。

任何制度都是有条件的，因而就要求管理者在实际操作中，要懂得灵活运用。“近于义的守信，近于恭的守礼，遵守尺度又不失灵活度”，这就是《论语》告诉管理者的有关制定与执行管理制度的基本原则。

08 赋予公司制度以思想

企业要想让管理制度为员工所接受，并对员工产生潜移默化的影响力，刚性的制度就要演变成软性的文化，使要求员工遵守演变为员工自觉遵守。

被誉为20世纪最成功的企业家的韦尔奇曾说："如果你想让列车再快10公里，只需要加大油门；而若想使车速增加一倍，你就必须更换铁轨了。只有文化上的改变，才能维持高生产力的发展。健康向上的企业文化是一个企业战无不胜的动力之源。"海尔首席执行官张瑞敏说过："企业文化是海尔的核心竞争力。"

真正的管理在于赋予制度以思想。科学管理之父泰勒曾说过："管理不是技术，不是工具，管理是哲学。"企业家必须明确自己的思想路线，即解决问题的基本思路，如果一个企业根本就没有自己的管理思想，那么这个组织就没有灵魂，管理方法也就成了"无源之水，无本之木"。管理思想决定着管理行为和方法，从根本上决定着管理的效果。

我们以丰田为例。在2008年第一季度，丰田汽车在销售额和利润上双双超越通用汽车，成为国际汽车行业的新任霸主。许多人对丰田达到这样的高度并不感到惊讶，甚至会觉得这个成就应该更早一些降临。中国著名职业管理者唐骏曾说："如果全世界只剩下一个汽车制造商，那一定是日本企业；如果全世界的公路上只跑一种车，那一定

是丰田汽车。”

丰田升任霸主的秘诀是什么？很多管理学家会轻易地给出答案：胜在“丰田生产方式”。当多年前这种生产方式已经如同谜底一样在世界汽车工业发展史上被揭开之后，世界各国许许多多汽车制造公司开始热火朝天地学习、模仿，希望能将“丰田生产方式”成功复制。但是这么多年过去了，没有任何一家企业能真正将丰田方式复制成功。

学习失败者为自己找出许多原因，比如日本民族性格、日本员工工作习惯、商业环境、政策环境有差异等。其实即便是在日本本土，学习丰田生产方式者也不在少数，不仅日本汽车行业里有，其他行业也有，但他们都没有学到真经。这就使很多企业管理者的内心都有这样一个疑问：学丰田，到底应该学什么呢？

任何企业都可以学习丰田生产方式的形式，当管理专家在培训课上讲述相关内容时总会讲到这几个关键词：看板、现场、零库存、流程、标准等，这些词语都和一线生产有关，学习者可以将丰田对生产的管理直接套在自己的生产管理上，但是他们很快就会发现，即便最为完美地搬来了形式，也不能产生令人期待的效果。

难道丰田还隐藏有不为人知的管理密码？这个密码就是思想。其实，丰田登顶是丰田思想的胜利。丰田汽车的经营思想并不复杂，核心是精细化。几十年来，商战风云变幻多端，而丰田却以坚持自己的经营思想而获得持续胜利，成为最受尊重的汽车品牌之一。精细化生产方式成为丰田思想的标签，供追随者模仿、研究。对于对手而言，丰田独特的经营思想是难以逾越的高山。这也是丰田持续辉煌的根源之所在。

思想使企业管理制度变得极其伟大和卓越，而企业精神则是企业文化的内核。企业就是一支军队，对于军队，最重要的是什么呢？那就是魂魄。在 2008 年热播的电视剧《士兵突击》中的“钢七连”为什么能强大？就是因为这支部队中有一个魂魄：不抛弃，不放弃。企业管理者要寻找的、要提炼的就是这种能同化员工理想与追求的精神境界，成就让员工魂牵梦绕的企业魂魄。

华为公司就是一个具有企业精神的公司。华为崇尚的是狼性精神。狼性精神体现了“敏锐的嗅觉、不屈不挠的战斗精神、奋不顾身的进攻勇气、高度的群体协调能力”等诸多狼群特征，这些特征帮助华为在竞争中保持其严谨的有序性和高效率。狼性精神要求企业从管理层到各个团队成员保持对市场需求的高度敏感，保持对市场变化的快速反应和极强的即战能力，保持强大而坚定的信念并且在执行过程中表现出高效的团队协同作战能力。对手如此评价华为：这是一个令人恐怖的狼群。

企业就是一个生命体，需要有企业精神为其强大的支撑。管理者要想使企业具有强大的市场竞争力和旺盛的生命力，就要在制定完善制度的基础上，赋予管理以思想，在其指引下，强化企业文化内涵，赋予企业精神，从而使企业组织获得强大的精神动力。

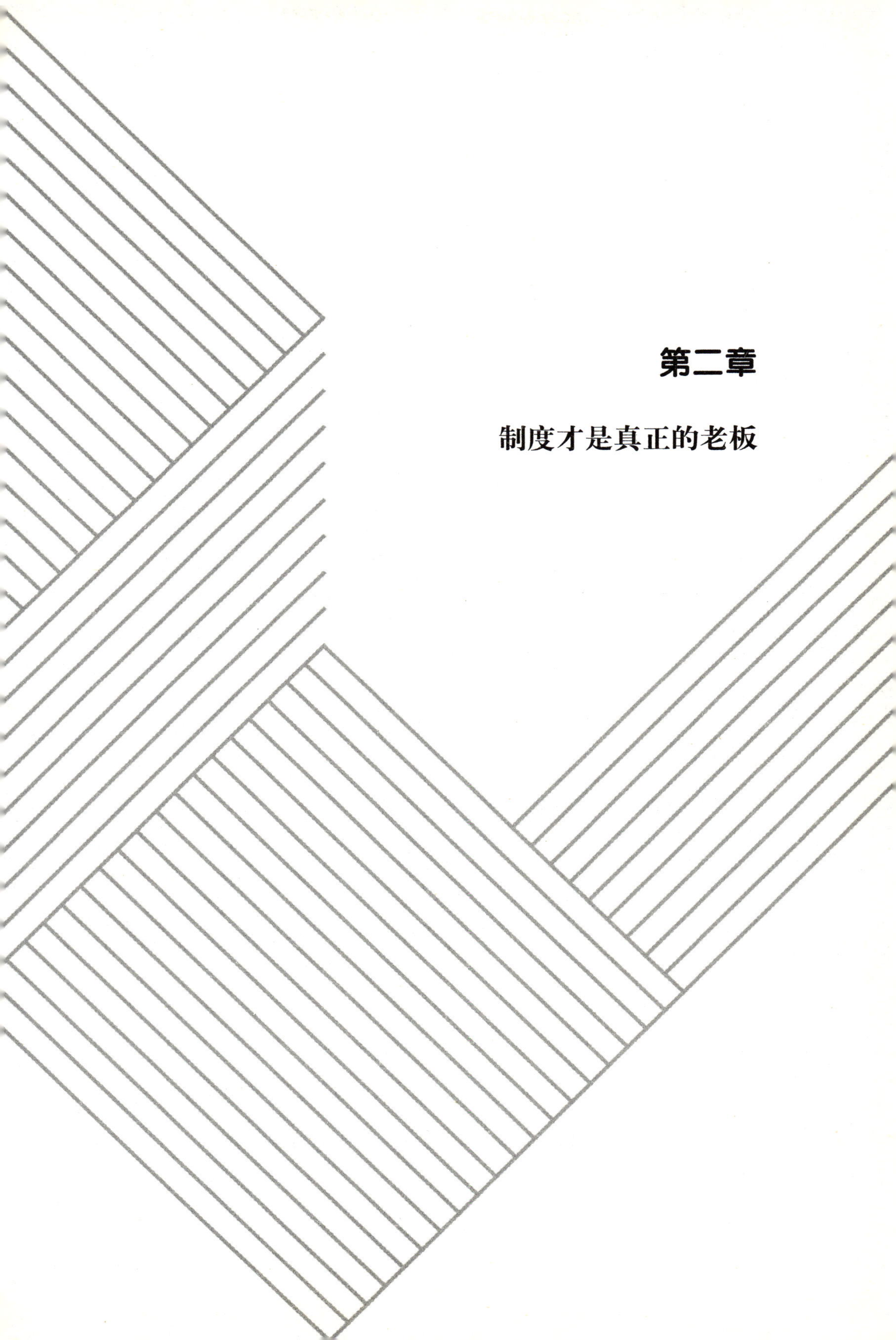

第二章

制度才是真正的老板

01　要让员工遵守，管理者先要带头

在执行制度时，管理者往往不自觉地拿各种要求、标准去管理员工，而很少会想到怎样管理自己。其实律己才能律人，制度化管理首先要求管理者自己遵守制度。

柳传志在很多场合说过：“企业做什么事，就怕含含糊糊，制度定了却不严格执行，最害人！”“在某些人的眼里，开会迟到看起来是再小不过的事情，但是，在联想集团，却是不可原谅的事情。联想集团的开会迟到罚站制度，二十年来，没有一个人例外。”

业务员小张，被公司派往联想集团工作一段时间。第一天，刚进公司的时候，一位部门经理接待了她。寒暄之后，他郑重地告诉小张说：“你虽然是公司之外的人，但既然来到本公司，在你工作的这段时间里，我们会将你视作联想公司的人员，因此也希望你遵守一切公司的规定。”

小张说：“那是自然，入乡随俗。这么大的公司，没有制度怎么能行？”

部门经理介绍了一些规定之后，最后提醒小张：“联想成立以来，有开会迟到罚站的制度，希望你注意。”他的语气很严肃，但小张却没有太在意。

一天下午，集团办公室通知所有中层干部开会，也包括小张这些驻外业务代表。小张临时接了个电话，忘了时间。等小张想起来时，已经迟到了三分钟。她刚走进会场，就发现大家出奇地安静，这让她有点不自在。后来看见会场后面有个座位，她打算轻手轻脚地进去，以免打扰大家。

“请留步，按规定你要罚站一分钟，就在原地站着吧！”会议主持人站在会议台上，向她认真地说道。小张的脸顿时一片潮红，她只好原地站着。总算是熬过了世上最难熬的一分钟，会议主持人说：“时间到了，请回到座位上去。”接着大家继续开会，就像什么也没发生似的，而小张却如坐针毡。

会后，部门经理找到她说：“小姑娘，罚站的滋味不好受吧！其实你也别太在意了，以后注意就行了，我也罚站过，柳总也曾经罚站过。”“老总也罚站啊？”她有点惊讶。“自联想创建十多年来，人们无一人例外地遵守这个规定。有一次电梯出了故障，柳总被关在里面，那时手机还不流行，没有人知道他被困在电梯里，他叫了很长时间才有人把他弄出来，他也只好认罚。‘开会迟到罚站一分钟’也算是联想一种独有的企业文化吧。”部门经理对她说。

柳传志认为，立下的制度是要遵守的。不以规矩，无以成方圆。所以，所有的企业组织，都会有自己的制度。有制度可依，同时还应有制度必依。制度不是定来给人看的，而是定来遵守的。无论是谁，只要是这个企业组织的成员，就应该受这个制度的约束，这样才能发挥制度的作用。

要想让员工遵守制度，管理者首先要管好自己，为员工们树立一个良好的榜样。言教再多也不如身教有效。行为有时比语言更重要，领导的力量，往往不是由语言而是由行为动作体现出来的，老板的表率作用尤其重要。

柳传志有一句很有名的话："做人要正！"柳传志是这么说，也是这么做的。在联想的"天条"里，就有一条是"不能有亲有疏"，即领导的子女不能进公司。

柳传志的儿子柳林毕业于北京邮电大学计算机系，后在美国哥伦比亚大学攻读了硕士学位，在联想投资公司实习了半年。在联想，高管子女禁止进公司是一条铁律，柳传志也不让他儿子到公司来。他担心，员工的子女们进了公司，再互相结婚，互相结合起来，将来想管也管不了。现在柳林自己单干做投资业务。柳传志的女儿柳青，毕业于北京大学计算机系，在哈佛大学获得了硕士学位，现在香港工作，也跟联想没有关系。

作为企业的领导者，倘若不能自律，就无法以德服人、以力御人。所以好的管理者懂得：要求下级和员工做到的事，自己必须首先做到。柳传志从来都是把服从规章制度作为自己必须做到的事。这样我们就不难明白，为什么联想在柳传志的带领下，由一个只有 20 万元的企业发展为今天拥有上百亿资产的大企业，成为中国电子工业的龙头老大，这一切与他的以身作则是分不开的。

著名管理学家亨利·艾伯斯说，上级领导的职责是把下级的行为纳入一个轨道，有利于实现组织目标。但亨利·艾伯斯没有告诉我们，如何把下级的行为纳入轨道。上面有关柳传志的故事则回答了这个问题，它包含两个步骤：制定统一规范的制度，并强有力地执行它。

仍以联想集团为例，如果员工表现优秀并做出了贡献，联想对他们有提高奖金、提升职务职称、提供出国学习工作等方式的奖励，而对犯错误或违反制度的员工则给予批评、扣发奖金、退交人事部甚至开除等处罚。由于公司的正气引导和纪律约束，锻炼和造就了一支纪律严明、团结协作、朝气蓬勃的联想员工队伍。柳传志以身作则，联想的其他领导人也都以他为榜样，自觉地遵守着各种有益于公司发展的“天条”，使得联想的事业蒸蒸日上。

02 制度执行关键在于度的把握

管理者在给予员工激励时关键在于“度”的把握。激励失去分寸和节制，会走向极端，最终导致激励无效。激励要讲究分寸，做到适度，最合适的才是最好的。管理中激励员工要适当适时，不可机械地单一奖励或者一味地处罚。我们可以从一代枭雄曹操身上得到一些启迪。

曹操以赏罚分明著称，奖励和处罚都很到位。对于有功之臣，加以重赏，他深知重赏能极大地调动下属的积极性，使其最大限度地为自己效力；对做了错事的人会给予重罚，就连曹操自己做错了也会主动检讨和受罚。

“赏罚必行”是曹操调动部下积极性的法宝。为了有法可依、奖罚分明，他于建安七年至十二年先后颁布了《军谯令》《败军令》《论吏士行能令》《封功臣令》等，并将二十多名有功将吏封为列侯，同时对有过者给予惩处。

这种恩威并施的奖罚机制为魏国结束三国鼎立的局面奠定了深厚的基础。曹操对于忠心耿耿的贤才臣僚，无不重恩厚赏，他对不同的人、不同的情况采取不同的奖励措施，以此来激励将士，这是曹操灵活运用激励手段的重要体现之一。

许多人对那些通宵达旦玩游戏者难以理解，但当自己去玩时却一样废寝忘食，原因何在？因为游戏程序是按照由简到繁、由易到难的原

则编制的，稍有努力就进、不努力就退的情况，对操作者有着极大的吸引力。游戏设计的难易程度很好地把握住了玩游戏者的心理。

其实激励与玩游戏是一样的道理，激励标准适度就能令激励对象乐此不疲；反之，如果激励对象的行为太容易达到奖励和处罚的界限，那么，这套激励方法就会使激励对象失去兴趣，达不到激励的目的。

管理者在激励员工时除了要适当，还要适时，即要把握激励的时机，"雪中送炭"和"雨后送伞"的效果是不一样的。激励越及时，就越有利于将人们的激情推向高潮，使其创造力连续有效地发挥出来。

激励适时其实就是要"及时"，古人提倡"赏不逾时""罚不迁列"。意思是奖赏不能错过最佳时机，惩罚不能等到员工几乎忘记了做错的事情才去执行。一个优秀的经理人在看到员工是做了好事带来利益还是坏事产生恶果时，应迅速、及时地进行奖惩。只有"赏一劝百，罚一警众"，产生震撼和轰动效应，才能赏立信、罚立威。

当事人的行为在适当的时候受到肯定后，有利于他继续重复所希望出现的行为，也让其他人看到领导是可信赖的，从而激起大家工作的热情，争相努力，以获得肯定性的奖赏。

激励的作用往往是瞬间的，表扬要及时。一旦发现你的员工表现出色，要立即予以表扬，不要等到年末总结时再做，不要"秋后算账"，要让员工在被激励中更加有干劲。优秀经理人通常都有一双善于发现的眼睛，他们往往可以一周内就发现员工至少有一项工作出色之处，并予以表扬。在这样经年累月的表扬下，员工的表现会愈发出色，整个团队也会愈发产生好业绩。

有位国外名将认为应迅速表彰战斗中表现突出的部队，奖励可以立即进行，并向媒体宣布；文书工作可以随后再办理，不能因为各种报表的填写造成时间上的延误，致使激励的效果降到最低，那种认为"有了成绩跑不了，年终算账晚不了”的想法和做法，只能使奖励本该有的激励作用随着时机的延误而丧失，造成奖励走过场的结局。

海尔集团总裁张瑞敏曾经讲过一个开年终总结会的例子，他说：“比如今天下午开会，那么中午的时候就一定要把奖金给大家发了，下午的会才会开得有效果。如果某个员工工作很出色，应该给其加薪或者予以奖励，结果拖了半年才真正兑现，虽然花了钱，也起不到应有的激励作用。”

总之，激励要及时适度。人们的一切行为都是为了追求某种利益、或避免某种不利情况，由此在生理和心理上必然会产生与之相适应的喜好和厌恶情绪。激励就是为了诱导人们向好的方面发展，从而促进个人及企业的发展，乃至推动整个社会的前进。尽管不同的人们有不同的激励方式和要求；但有一点是相同的，就是及时和适度的激励。

激励如果不及时、不适度，不仅会失信于民，挫伤积极性，而且还可能造成混乱，产生怨恨，取得完全相反的效果。因此，管理者要正确实施及时适度的激励原则。

03　用制度管人的两项重要原则

“用制度管人”是一个亘古未变的定律，但是制度也不是万能的。要想使制度发挥最大的作用，还必须做到“善于运用制度”和“灵活运用制度”，而且制度化管理并非完全排除人性的管理，必须寻找制度的硬性与人性的柔性的契合点。否则，制度就会变成一些冷冰冰的规则条框，最终会被组织的成员从内心排斥，这样的制度化管理是很难取得最终成功的。

1．要善于运用制度

一个组织特别需要“规矩”，需要规章制度。一套好的规章制度，甚至要比多添几个主管顶用得多。然而，再好的规章制度也会从出台的那一天起就开始在老化，因为一个组织和它的成员是随着时间的推移而不断发展变化的，规章制度只有适应这个变化，才能发挥好作用。

因此，管理者必须时刻注意组织的规章制度，发现不切实际或不合情理的地方要及时纠正。可以这样说，一个好的规章制度，必然是不断修订、不断完善的。这样的规章制度是活着的规章制度，只有活着的规章制度才有意义。

制定规章制度的目的是对一些暧昧不明的事项定出一个明确的标准。因此，它的时间性很强，同时也是为适应时代的大环境而定出来的，因而绝不是千古不变的定律。当时代、环境发生了变化，规章制度本身也必然要随之变化。

有这么一则故事，据说在20世纪60年代的美国企业界流传很广。

“有一个不擅指挥、无能的中尉获得了一项最高荣誉。原因就是来自一条规则，这条规则说，如部队中有任何官兵在军事演习中获得了最高成绩，则中尉便可获得最高荣誉。”

这项规则在当初制定时，肯定是出于某种特殊的原因。但过上一段日子再执行起来，自然就显得有点迂腐，因此才会产生无能长官接受褒奖的情形。

我们也不难看出，这则故事对于那些墨守成规的管理者有一定借鉴作用。总而言之，一套完善的规章制度是一个管理者管理人才、使用人才的法宝。一个有经验的管理者应善于用制度管理他的下属。但也应尽量避免把制度僵化，或过于迷信制度。

2. 要灵活运用制度

2001年8月，清华同方首次将产品打入西安大学校园，却出现了一个问题，即所配的显示卡与当地的环境不匹配。而当地技术人员却无法及时予以更换，因为公司有“不允许使用其他企业零部件”的规定。如要解决，就要向总部报告，总部又得花很多时间按程序予以考虑与评估，因而令当地客户长时间不能使用，怨声不少。

后来，公司的一位副总得知这一情况后，马上命令打破这一常规，用其他企业的零部件代替，才使问题得以解决。这却使组织及其管理者们为了难，不做出严格的规定与规范，就会无章可循，各行其是，“人治”是必然的；做出严格的规定与规范吧，又影响了工作，延误了问题的解决。难道是用制度管人不对吗？

清华同方的这位副总“带头违纪”了，那么，这项纪律今后还会有人遵守吗？问题出在哪里呢？得从制定制度的目的说起，清华同方规定“不允许使用其他企业的零部件”，其目的是为了保证产品的质量与服务质量，防止各地的售后服务部门用质量差的零部件去损害顾客的利益。因此，执行制度的目的是为了保证产品质量。通过制度的执行来确保制度目标的实现，这才是第一位的，而具体的规定则要让位这一原则，否则就违背了制度的初衷。

这就涉及一个对制度例外情况的处理问题，也就是当为了制度目标而违反制度规定时，一是制度应该让执行者有一定的自主权，以使其能够按照制度的目标来处理这些例外情况，这也是管理的“例外原则”的精义所在；二是要让制度的执行者对组织的理念有较为深刻的认识，为了组织的理念，机动地处理例外情况。如清华同方的那位副总对这件事的处理，就充分体现了他对公司理念的认同，而不是“死守”纪律条文。

任何制度都是有条件的，任何正式制度的效率都是以非正式制度为前提的，并受到非正式制度的制约。而这种非正式制度实质上就是以伦理道德与组织文化为核心的人的习惯行为方式。因此，要提高制度的效率，最基本的就是要培养先进的组织文化与理念并使之深入人心，只有这样才能为制度的实施营造一个良好的环境条件与组织氛围。

例如，企业的基本理念应该是“维护企业信誉，使顾客满意”，这也是企业制定所有制度的标准和目标。当实际情况与制度相违背时，应以基本理念为准。清华同方的技术人员应从公司的基本理念出发，先用其他企业的显示卡替代，解决顾客的困难，再尽快同公司总部沟通，寻求最佳解决办法。

04 制度创新是创新管理的前提

制度创新是知识创新的前提，旧的落后的企业制度如果不进行创新，就会成为严重制约企业创新和发展的桎梏。企业制度是指一个有机组织为了实现组织既定目标和实现内部资源与外部环境的协调，在财产关系、组织结构、运行机制和管理规范等方面的一系列制度安排。

制度创新主要包括产权制度、经营制度（经营机制）和管理制度三个不同层次方面的内容。产权制度是决定企业其他制度的根本性制度，它规定着企业所有者对企业的权利、利益和责任；经营制度（经营机制）是有关经营权的归属及行使权利的条件、范围、限制等方面的原则规定，它构成公司的“法人治理结构”，包括目标机制、激励机制和约束机制等；管理制度是行使经营权，组织企业日常经营的各项具体规则的总称，其中分配制度是其重要的内容之一。

企业制度创新就是要实现企业制度的变革。通过调整和优化企业所有者、经营者和劳动者三者的关系，可以使各个方面的权利和利益得到充分的体现，不断调整企业的组织结构和修正完善企业内部的各项规章制度，使企业内部各种要素合理配置，并发挥出最大限度的效能。

上海家化公司创建于1898年，是中国最早的民族化妆品企业，但在相当长的一个时期中，其总体发展水平十分缓慢。至20世纪80年

代初，上海家化仍处于产品能级低、科技投入少和发展后劲不足的状况。改革开放以来，上海家化面对激烈的国内外竞争，进行了一系列制度创新，使得企业获得了长足发展，曾在全国近2000家化妆品企业中名列第一。

上海家化公司的制度创新主要体现在以下几个方面：

首先是实行毛利为中心的管理机制。由于中国企业考核指标设计的不合理性，许多跨国公司的毛利率多为40%～60%，而中国化妆品行业仅为7%～15%。产生这种情况的原因是中国企业把利润作为考核指标。在这样的利润导向下，除了生产成本，一切经营开支，如科技投入、市场费用、广告宣传、员工培训等都被压缩到最低，以求利润的最大化。

在此情况下，上海家化毫不迟疑地引进毛利管理，并对产品逐个分析。当时毛利率达40%的家化产品仅占5%，上海家化公司总经理葛文耀和员工们下决心做大这5%，强化品牌效应。对对低毛利的产品，或增加科技投入，使其“营养”丰富；或壮士断腕，立马淘汰。

推行毛利管理的过程是一种对过去满负荷生产的否定。葛文耀以“机会成本”概念向管理人员做解释，如家化六条生产线，满负荷生产“友谊”“雅霜”，年吞吐量7000吨，销售额才3000万元，低毛利产品占了高毛利产品的扩展机会，企业应该把机会让给更好的产品。

其次是实行品牌经理制。葛文耀在合资公司中对这一管理机制深入钻研，结合攻读经济学硕士研究生时钻研的理论，发现当品牌成为市场竞争的主角时，实施这种品牌机制，在企业管理中会有十分明显的业绩。于是，上海家化开始实行品牌经理制，葛文耀从大批引进的人才中选拔年轻有为的人担任品牌经理。他们对品牌的开发、定位、生产、定价、广告、促销、淘汰等全过程一揽到底。品牌经理就像一个个“小总经理”，在各自的岗位上互相竞争，多头并进。

最后是推行“最终销售”管理理念。葛文耀毫不忌讳地讲，过去他常与妻子趁星期天到市百一店站柜台，每开发一个新产品，都是靠有限的市场积累想出来的。后来葛文耀摒弃了这种曾经带来部分成功的做法，提出了独创的“最终销售”理念，即产品进入市场一定要通过四个环节：一是及时发现市场机会与消费者的需要；二是把消费者的需求变为量化的分析指标，进行针对性开发；三是通过市场活动让消费者了解自己的产品；四是通过“店头”，如专柜美容顾问指导或超市醒目标记等各种形式，使产品到达消费者手中。

制度创新是企业发展的基础，是企业整体创新的前提，同时也是实现一个企业不断创新的保障。没有一个创新的企业制度，企业的其他创新活动就不会有效和持久。

制度创新可使企业站在发展的前沿。企业的外部环境总处于不断的发展变化之中，企业只有和外界保持良好的关系，才能长久不衰，站在发展的前沿。反之，企业体制僵化，创新不足，便会遭到毁灭性的打击。

制度创新是技术创新、市场创新、产品创新的前提。在激烈的市场竞争中，谁胜谁负关键在于创新，创新已成为企业的生存之本。企业必须在经历了“生产管理型”向“经营管理型”的转型后，适时转向“创新管理型”，形成有效的创新机制，将创新体现于企业制度当中，更好地发挥投资者、经营者、生产者甚至消费者创新的积极性。

制度创新可发挥人才积极性。知识经济致力于通过智力资源开发创造新财富，逐步代替工业经济的命脉和已经短缺的自然资源。制度创新使企业制度满足了企业内部一系列创新的要求，适应了知识经济时代外部环境多变性的要求，从而使人才的积极性得到了最大程度的发挥。

制度创新有多种实现途径，企业生产经营状况不同，所处经营环境不同，创新的主攻方向也不同。制度创新是科学也是艺术，在实现创新的过程中，难以有统一的模式、规范的方法和一致的途径。因此，上海家化在创新的道路上，在创新的方式选择上，彰显自我，体现独到，与众不同，这才是真正意义上的创新，才会收到创新所带来的巨大经济效益。这也是其他企业在制度创新时的着眼点和切入点。

05　制度的最大意义是保证人尽其才

企业实现执行力的关键是需要建立一种协同个人贡献的机制，即“群体运行机制”。企业的管理者为了提高公司业绩和执行力，已经越来越重视人才的使用。但大量事实证明，单纯关注个体员工使用的管理者并不能保证一个组织高效运行。

沃尔玛的群体运行机制就很有效率性，一直为业内效仿。在20世纪90年代初，沃尔玛的创始人山姆·沃尔顿从周一到周三，每天都要派出大约30名主管去调查9家沃尔玛商店和6家竞争对手的商店。他们搜集出很多商品的价格，并做对比。在调查商品价格的同时，这些负责调查的主管们还会观察货物是怎么摆放的，消费者在购买些什么，商店的外观、氛围如何，竞争对手采取了哪些新的措施，雇员的反应如何等。

这个机制的高效率秘诀在于管理者和现场执行之间没有隔层。没有隔层的最大意义在于时间和质量没有延迟，没有扭曲，没有怀疑。星期四的早上，沃尔顿召开了一次4个小时的会议，与会的还有约50个经理。他们中有考察商店的主管、物流经理，还有广告部负责人。通过考察结果，他们很快就会做出类似某地区需要10万件羊毛衫上架这样的决定。

观察家表示，沃尔玛这套机制运行的关键在于，创始人山姆找到了最适合从事调查工作的人，这个机制保证了调查人员的效率，保证了

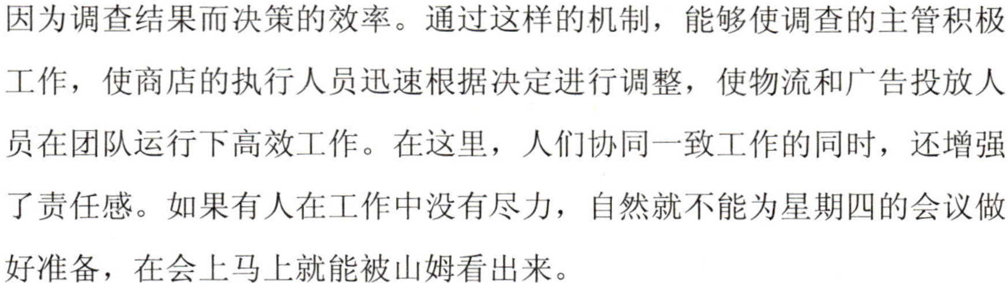

因为调查结果而决策的效率。通过这样的机制，能够使调查的主管积极工作，使商店的执行人员迅速根据决定进行调整，使物流和广告投放人员在团队运行下高效工作。在这里，人们协同一致工作的同时，还增强了责任感。如果有人在工作中没有尽力，自然就不能为星期四的会议做好准备，在会上马上就能被山姆看出来。

要保证人尽其才，就需要在合适的岗位安排合适的人才，并使这些人才协同一致，以此来提升团队的运行效率。迪克·布朗就是设计这种制度的高手。他在 1999 年 1 月当上了 IT 服务业的巨人——电子数据系统公司（EDS）——的 CEO。而在他上任之前，公司庞大的规模和全球化经营使 EDS 陷入了繁杂的事务中。EDS 试图调整业务，但结果很不理想——业务大幅萎缩，连续几年未能达到预期赢利。

布朗创立了群体运行机制，以保证业务的成功。其中最重要的一项是每月一次的“执行会议”——一个包括来自全球约 100 个 EDS 业务主管的电话会议。在会议中，每个单位的月成果和自年初的累积成果都要被讨论到。这样很快就可以知道谁做得好，谁需要帮助。这使每个部门不得不高效工作，避免居人之后。另外，在与业绩不理想的主管的对话过程中，布朗会刨根问底地询问，以此使落后者感到压力，从而迎头赶上。

布朗设计的群体运行机制以其公开、公平、透明的特点赢得了公司上下的赞誉，使每个主管都会根据业绩的需要自觉调整自己的团队，力求每一个人都是在他最合适的岗位上工作。布朗每两周都要给全体员工发电子邮件，让他们了解公司的一些特别成就，同时讨论公司在优先业务里所处的状态，这种做法使公司的共同目标得到加强，决策得到制定。到 1999 年年底，EDS 的群体运行机制收到了效果，公司各级主管把关注点转移到吸引和留住有天赋的人身上，促使人尽其才。同时，公司里的每一个员工对公司自身的成长、客户满意度以及责任感的关注也日益增强。EDS 的业绩由此直线上升。

随着组织成员越来越多，协同一致就成了更大的挑战。为了分摊责任，公司往往会创建一种组织构架。建立这种构架时，也就是组织内部的社交互动发生改变的时候。通常，一个部门到另一个部门的信息流动会遇到障碍或者被歪曲。公司规模越大，人们分享信息、做出一致的决策和调整其优先业务的难度就越大。决策的速度变慢，执行力的优势就会被削弱。因此，企业运行机制的最大意义是保证公司各项信息流动的便捷性、有效性和准确性。机制的最大意义是保证人尽其才。

06　权力永远不能大于制度

在制度面前人人平等，任何人都得受制于制度，不得凌驾于制度之上，更不能凭自己的意愿胡作非为。凌驾于制度之上的特殊人物的存在是对制度的践踏，他会使制度形同一纸空文，写在纸上，说在嘴里，贴在墙上，却无法落实在行动上。管理者要想实现卓有成效的管理，就必须做到以身作则，因为以身作则最具有说服力。

士光敏夫在1965年曾出任东芝的电器社长。当时的东芝人才济济，但由于组织庞大、层次过多、管理不善、员工松散，导致公司绩效低落。士光敏夫接掌之后，立即提出了“一般员工要比以前多用3倍的脑筋，董事则要10倍，我本人则有过之而无不及”的口号来重建东芝。

士光敏夫的口头禅是：“以身作则最具说服力。”他坚持每天提早半小时上班，并空出上午7点30分至8点30分的1小时，欢迎员工与他一起动脑，共同来讨论公司的问题。

此外士光敏夫每天巡视工厂，遍访了东芝设在日本的工厂和企业，与员工一起吃饭，闲话家常。清晨，他总比别人早到半个钟头，站在工厂门口，向工人问好，率先示范。员工受此气氛的感染，促进了相互的沟通，士气大振。

士光敏夫还借一次参观的机会，给东芝的董事上了一课。

有一天，东芝的一位董事参观一艘名叫“出光丸”的巨型油轮，由于士光敏夫已去看过 9 次，所以事先说好由他带路。那一天是假日，他们约好在某车站的门口会合。士光敏夫准时到达，董事乘公司的车随后匆匆忙忙赶到。董事说：“社长先生，抱歉让您久等了。我看我们就搭您的车前往参观吧！”董事以为士光敏夫也是乘公司专车来的。士光敏夫面无表情地说：“我并没有乘公司的轿车，我们去搭电车吧！”董事当场愣住，羞愧得无地自容。

士光敏夫为了杜绝浪费，使管理合理化，以身作则示范搭电车，给那位董事上了一课。

这件事立即传遍了整个公司。上下员工引以为鉴，渐渐消除了随意浪费公司物品的现象。由于士光敏夫的以身作则和点点滴滴的努力，东芝公司的情况逐渐好转并兴旺起来。

“己身正，不令而行，己身不正，虽令难从。”榜样的力量是无穷的。身为一名管理者，要比员工付出加倍的努力和心血，要以身示范，以身作则，严于律己，树立一个良好的形象。这样上行下效，公司整个团队的风气才会好转，公司的凝聚力才会增强。

本田宗一郎作为本田技研公司的创始人之一，总是自己率先去干棘手的事、艰苦的活儿，亲自做示范。1950 年，是藤泽武夫进入本田公司的第二年。有一天，为了谈一宗出口生意，本田宗一郎和藤泽武夫在滨松一家日本餐馆里招待外国商人。和平常一样，他们叫来了艺妓助兴。正在喝得起劲时，麻烦来了——一名外国商人进厕所时，不小心竟弄掉了假牙。

宗一郎听说后，二话没说跑到厕所，脱光衣服，跳下粪池，用木棒打捞。但是，要是用力过猛，假牙就会沉下去，所以得小心翼翼地慢慢打捞。宗一郎捞了好一阵子，木棒碰到了一个小小的硬块，假牙找到了。宗一郎把假牙打捞起来，冲洗干净，并消毒处理后，自己首先试了试。当然，宗一郎也进了澡堂，冲洗干净了身子。假牙失而复得，宗一郎拿着它，又回到了宴席上，高兴得手舞足蹈。

据说完全无望的外国人感动了，甚至为宗一郎的行为震惊了，宴会场又沸腾起来了。

宗一郎的行为，使藤泽下定决心一辈子和宗一郎合作下去。

管理员工之前先管理好自己。优秀企业的经营者或领导者往往都有一个共通点，即率先做别人的榜样，事事走在员工的前面。身为一个领导者，不应高高在上，对员工指手画脚，而是应该事事带头、处处领先，发挥先锋模范作用，带动全体员工自动自发地参与进企业的发展进程中，这样才能赢得员工的拥戴与合作。

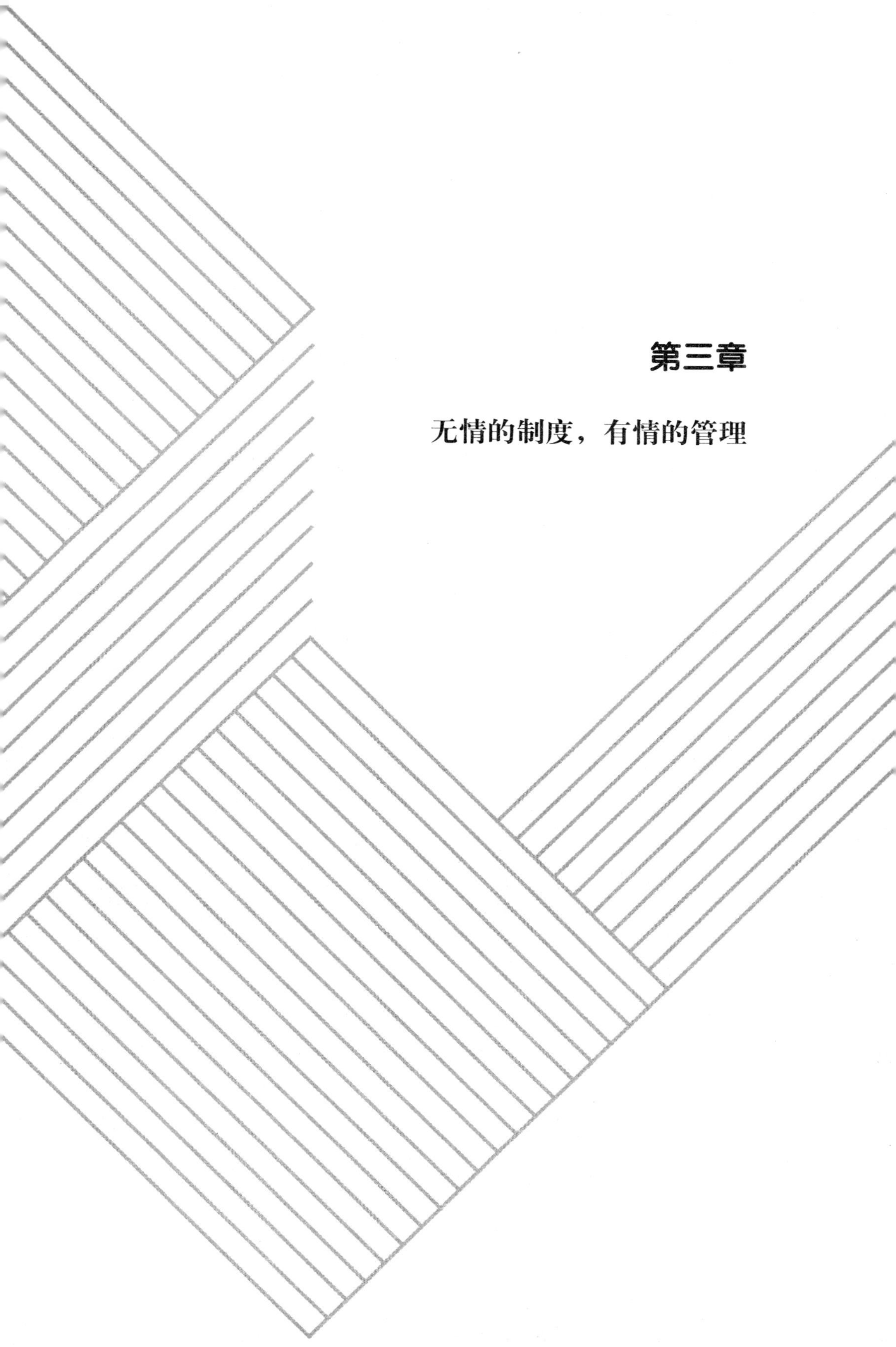

第三章

无情的制度，有情的管理

01 摆脱人情，转向制度化管理

一部亮剑让人们记住了李云龙及他的血浓于水的狼性团队，而面对团队，李云龙说过这样一句话："一支部队的风格深受首任长官作风的影响，无论今后如何变迁，部队的精神仍在。"

这句话用到企业管理中同样适用。一个企业的性格往往由企业最高管理者的性格决定，一个团队的性格也往往受团队的主管影响。随着时间的发展，这些影响会逐渐形成一种企业独特的风格。这种风格最外在的表现形式就是公司的企业文化氛围、做事方式和规章制度的执行情况。

情感化管理和人情化管理是两个概念，其本质的区别在于，情感化管理是以情动人、以情感人、以情励人。而人情化管理是"见人下菜碟"的人治权谋，对待不同的人有不同的标准。因此，企业要以情感化的柔性管理方式进行管理，但切记不要陷入"人情化"的陷阱。

很多管理者都有这样的体验，对于自己的下属，在人情秤上总会有偏重，这与人的喜好有直接的关系。但工作和生活的不同在于，如果你一味地按照自己的喜好进行管理，将永远不可能得到一支具有凝聚力的团队。

如何才能打造一支高效强大的团队？答案是，从人情化走向法治化管理。建立统一的制度与标准，并从最高管理者开始，严格执行。

正起道具公司主攻设计、制作、安装，公司黄总经理就是典型的人情化管理的代表。2016年11月21日，公司召开“降低产成品库存”专案会，需要相关人员来计算和统计，黄总经理问哪个部门可以帮忙核算，大家都不想多做事情，不愿意回答，无奈之下黄总只好要求PMC经理和客服部主管协作完成，并且这样表示：如能按期完成就请他们两位吃火锅。此类情况在正起是常有的事，以至于管理层只要接到总经理任务，都会有一句通用的话：是不是又要请吃饭?

人情化管理的模式与现代企业制度在某种程度上是冲突的，凭感觉办事是企业管理的一大误区。人情化管理模式忽略了管理的残酷性，让管理者一开始就丧失了管理的主动权，让管理失去了刚性约束力。而这样做导致的直接后果就是企业发展滞缓甚至走下坡路，在激烈的竞争中失去优势。

佛山某电器公司专业制造照明灯饰和水晶灯饰，年产值2亿左右。但是仍在使用作坊状态下的管理方式，员工也习惯了比较讲温情、人情的环境，一旦被要求按流程做事，就会出现很大的逆反心理，不利于规范化、标准化的管理制度的实施。

2016年9月，装配车间B组的班长拿着补料单来到仓库，把补料单放在仓管员桌上就到仓库去拿料了，仓管员也没阻止。然而在补料单上，没有物控员和生产主管的任何签字，等于一张白条。于是新来的主管让仓管员通知装配车间B组的班长，要求相关人员在补料单上签字确认后再来领料。该班长当时就冲着仓管员发火，因为一直以来他都是这样领料的，说即使仓库主管在这里，也要给他几分面子，都是为了厂里的生产，何必为难他，这样会耽误出货。

可见，该企业的管理风格是多么的落后和“不可理喻”。如果企业每个人都将人情作为判断事务的标准，企业将永远没有出路。正所谓，企业讲人情，制度无权威，员工就随意，企业必然效益低下。

如果不能摆脱手工作坊式的管理模式，走出以人情为企业管理最大筹码的误区，建立正规化管理，中国企业依然不会具备太强的竞争力。

02　制度化管理更具优越性

制度化管理，其实质就在于以科学的、合理的、成熟的制度规范作为组织协作行为的基本约束机制，依靠科学合理的理性权威实行管理。制度权威也可叫作正式权威，个人权威则称为非正式权威。制度权威并不意味着不允许发挥个人权威的作用，只是说起基本制约作用的是制度权威而已。

正式权威来自于组织机构中对管理者地位和权力的正式规定。在这种形式下，管理者拥有组织授予的奖惩权，可以根据员工的不同表现，决定给予奖励或惩罚。它建立在强制力的基础上，是法的权威，不是人的权威。

而非正式权威是来自于个人所具有的特殊品质，如个人在某方面的专长，或非凡的组织领导能力等，具有这种品质的某个人可以将众人吸引到自己的身边，并令众人服从其管理。非正式权威是建立在对个人的忠诚关系上的，只是对个人负责。制度化管理是依靠正式权威来进行管理的管理方式。

组织的各项工作，归根结蒂都要落实到组织中的每一位成员，由他们来执行，而人有其自身的弱点和不足，易主观，因此，需要在组织中制定各种规章制度来规范人们的行为。制度化管理的优越性也正体现在这里。具体来说，与传统的权威管理相比，制度化管理具有以下优越性。

1. 体现理性精神和合理化精神

体现理性精神和合理化精神，是制度化管理的主要指导思想。制度化管理是以理性分析研究制定的管理规章和制度为基础的，是一种不徇私情的管理体系。在典型的制度化管理中，存在着一套有连续性的规章制度网，涉及管理过程的许多主要方面。它规定了各种活动应怎样进行，特殊情况应怎样处理等，并给每项工作确定了清楚的、全面的、明确的职权和责任，从而使组织运转和个人行为尽可能少地依赖于个人。

2. 保证组织取得良好的经济效益

在进行组织内部分工协作的基础上，明确规定组织内部各个部门和各个成员的责任，把组织的经营目标往下层层落实，一直落实到每个成员。制度正是这样为组织的经营活动取得良好的经济效益提供基本保证的。

3. 分离个人与权力

在制度化管理中，职务是职业，不再是个人的身份，所有管理行为都来自规章、制度的规定，管理权威集中于规章和制度，而不是控制在某个人手中。在规章制度面前每个人都享有同等的地位，从而排除了个人偏好或专断的影响，确保个人与权力的分离。制度化管理摆脱了传统管理的随机、易变、主观、偏见的影响，具有比传统管理优越得多的精确性、连续性、可靠性和稳定性。

4. 提高组织的管理水平

制度化是提高组织管理水平的重要手段之一，一套科学合理的规章制度，为管理提供了依据，能使组织的管理得到改善和加强，从而使组织的管理水平不断提高。

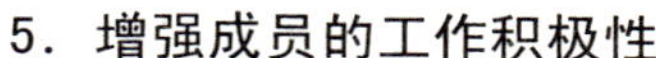

5．增强成员的工作积极性

制度具有公正性，能公平地对待每一位成员，真正体现个人的劳动成果，根据每位成员的劳动给予客观公平的相应报酬，因而制度化管理是调动组织成员积极性的一个有效方法。它把每位成员的报酬与其所做的贡献紧密地联系起来，改变了过去干好干坏一个样的状况，也有利于在考核成员的贡献时更加客观公正，因而能极大地增强成员的工作积极性。

6．适合现代组织的发展需要

早期传统的管理由于过分依赖个人和裙带关系、人身依附关系，采用任意的、主观的、多变的管理方式，所以不适合现代组织管理的要求。现代组织由于规模大、内部分工细、层次多，所以更需要高度的统一，需要有准确、连续、稳定的秩序来保证各机构间的协调一致，从而从不同的侧面保证组织管理目标的实现。

03 制度要“从员工中来到员工中去”

俗话说：“不知者不怪。”如果组织仅仅是制定了各项制度，但组织中的成员大都对此一无所知，那么这种情况是谈不上制度化管理的。所以在制度化管理中一个重要的内容就是组织内部要有完善的沟通媒介。

组织中信息沟通主要有三个特点：首先，组织中存在着所谓“文件流转”——一份文件从组织的某个地方流向另一个地方，在那里受到后续处理；其次，组织中还存在着记录、档案和正式报告；最后，组织中还有关于组织例行工作及程序的手册。

1. 口头联络

组织纲领所规定的口头信息沟通制度，一般仅限于比较小的范围。从一定程度上讲，正式权威体制包含着这样一个假定，即口头联络主要发生在一个人和他的直接上下级人员之间，但这也不是他们之间唯一的信息沟通渠道。

在一定程度上，正式组织还限制了向上沟通的便利。除了直接下属之外，下属人员要想接近处于组织上层的人，用口头联系方式可能是相当困难的。如在军事组织中，对这种“接近条件”有一套正式的规则：二等兵只有得到了中士的许可，才能跟上尉讲话。在其他组织里，即使行政长官坚持某种“开放”办公政策，其易于接近的程度也受到了非正

式的社会压力和私人秘书的限制。在这种情况下，真正限制着可接近性的，与其说是正式组织，不如说是非正式组织。

空间上的接近程度，可能是口头联络频繁程度的一个非常现实的条件。正因为如此，办公室布局成为信息沟通系统的重要决定因素之一。就连电话的问世，也未能大大降低这一因素的重要性，因为电话交谈绝不等于面对面接触。

2．备忘录和信件

备忘录和信件受到正式规定的控制，往往比口头联络所受到的限制更多，比较大的组织尤其是这样。有些组织实际上要求一切书面通讯材料要经权威链流转，不过，这种做法并不普遍。或许更普遍些的要求是通讯材料沿权威链的传递不得跳过一级。也就是说，同一部门的两个不同单位的人如果想做书面联系，其中一人必须先将材料交给其所在单位的头头，这个头头可绕过部门领导人，将材料交给另一人所在单位的头头，然后由后者转交给那个人。

不过大多数组织对此未做严格要求。更常见的做法是建立一些“审批”规则，要求把越级传递的通讯材料流向规定的轨道。

3．文件流转

文件流转是某些组织处理财务的典型方式，如保险公司、企事业会计部门、联邦贷款机构等就是如此。在这种情况下，组织的业务工作（或其部分工作）是以文件处理为中心而展开的。例如，人寿保险公司要接受申请单，审查申请单，予以批准或拒绝，发行保险单，给投保人开列保险费，计算保险费，支付保险赔偿费，等等。

处理与个人保险单有关的文件是该组织业务工作的核心所在。这些文件从组织的某处转移到另一处，为的是采取各种行动，如审查申请单、记录投保人的变化、批准支付赔偿费等。随着文件的流转，采取必要管理措施所需的（有关保险单的）所有信息，也随之流转。

为采取一定的行动而流转的文件，总是要靠人去处理的。处于文件到达处的人，一般均具备有关该公司规定的知识，也就是为了处理文件所需的有关保险单信息方面的规章知识。由于有了文件，就使得来自办公现场的有关投保人情况的信息，同来自办公总部的有关公司规章及业务的信息，得以组合在一起了。

因此，对于这种情况来说，信息的组合是通过文件的流转，靠把在办公现场获得的信息传递到办公总部而实现的。对其他一些情况而言，信息的组合可能是通过指示、手册之类文件的流转，将办公总部的信息传递到办公现场而实现的。

4．记录和报告

对任何组织来说，记录和报告差不多都是正式信息沟通系统中一个不可或缺的部分。在利用信件和备忘录进行信息沟通时，人们必须做出需要传递信息的决定，而且要决定传递哪些信息。记录和报告则与此不同，它们的独特性在于报告者和记录者知道该在什么时候写报告或记录（是定期写还是发生具体事件时再写），报告或记录中要包括哪些信息。这一点非常重要，因为这在很大程度上减轻了各个组织成员所面临的重要而困难的任务：决定他所拥有的哪些信息应当传递给哪些成员，以及应当采取什么形式传递等。

5．手册

手册的作用是要把那些打算长期应用的组织惯例告诉给组织成员。如果没有它，长久性的政策就只能留在组织老成员的心里，对组织工作不会产生很大的影响。手册的准备和修改，为的是确定组织成员对组织的结构和政策是否有一个共同的理解。

无论是在新成员培训期使用的手册，还是在其他时间单独的使用手册，其重要用途都是要让新成员了解组织的政策。手册的准备和使用，有一个几乎是必然会产生的结果，那就是它加强了决策的集中化。拟定手册的人出于对“完善”“统一”的关心，差不多总是要把以前交给个人决定的事情，全都收入手册，而且把它们同组织的政策联系起来。这绝不是完全有益的，因为除非“完善”和“统一”是协调的，否则它们对组织没有什么特殊价值。

04 若没有制度，公正只是纸上谈兵

制度是企业管理的基础和保证。因此，制度一旦制定下来就必须严格遵守，否则企业就会成为一盘“散沙”，危及企业的生存。还有很重要的一点，即制度一旦制定，任何人都要严格执行，没有例外。对于企业而言，如果没有制度，企业就毫无公正可言，最终会毫无战斗力。

有一次，IBM 工厂的一个即将被开除的机工找到了小沃森，气愤地说：“经理待人不公平！我干的活比整个车间的任何人都多，而我拿的工资却最少！”

小沃森无法相信在他的工厂里也会发生这种事情。他立即给那个工厂的经理打电话。他把这个机工的话一字不漏地告诉了经理。经理并没有否认其真实性，但却吞吞吐吐地解释说：“他是一个非常不愿合作的工人。他不是 IBM 俱乐部的成员，他不参加我们的厂外活动，有时他来上班时甚至穿着不整齐。”

小沃森对经理的回答很不满意，这些根本不是他想要听到的答案。他又给那个申诉的机工的工头打电话，直截了当地质问道：“机工说他干的活最多，拿的工资却最少，这是不是真的？”

工头说：“他在给公司丢脸，他家的院子里放着几辆破汽车，他不好好照管他的子女。”

经理和工头的话让小沃森明白了那个机工面临着所谓的IBM保护协会的虐待。在这个协会里，地方管理人员相互包庇，受到伤害的始终是毫无过失的底层员工。最后，小沃森查清了真相，那些管理人员不得不承认机工没有说谎。

小沃森决心改变公司这种赏罚不分的局面。这件事发生以后，小沃森带领高级经理到美国所有的IBM工厂考察，并制定了将工资同效率挂钩的奖勤罚懒制度。此举曾在IBM公司引起相当大的轰动。

老沃森在创建IBM公司时一心想要把公司创建成具有明确原则和坚定信念的公司，其中一个原则是：必须尊重每个员工的权利与尊严。

公正机制是企业管理的基础。尊重个人，就应该以每个员工对公司的贡献大小来核定待遇的高低，绝非以资历或其他方面因素来论。有优异成绩的员工就会获得表扬、晋升、奖金，任何人都不能违反这一准则。

制度能够为建立公正的氛围提供保障。组织中任何成员都必须受到制度的约束，这样才能发挥制度的作用。制度不仅仅让员工的行为有了底线规范，更让管理变得简单、公正。因此，管理者要做好制度的建立者，更要做好制度的守护与执行者，只有这样，才能确保制度的执行对企业经营起到持续的正面的作用，才能使组织因为足够公正而具有强大的凝聚力。

管理者在制定及执行制度的过程中要遵守的三个原则：

1．要保证制度的严肃性和连续性

“朝令夕改”会使制度失去效力，流于形式，因此一个好的企业制度要保证不因企业管理者的改变而改变，不因管理者与被管理者关系的亲疏而改变。

2. 制度要随客观环境的变化而不断改进、修订和完善

制度不可能一成不变，一劳永逸，必须与时俱进。制度一旦过时，反而会起到不好的作用。

3. 所有制度必须依据人的本性，便于执行

企业的制度要尽可能少，制度越少，员工重视的程度就越高。制度要简单易懂，要对每一条款都进行解释，以免造成误解，要尽可能地吸收员工参与制度的制定。

05　设计群体运行制度的学问

善于领导的企业管理者总是能够制定出一套简洁、高效的群体运行机制。“我一直觉得一个企业最强的不是它的技术，制度才是决定你这个企业所有活动的基础。有没有完善的制度，对一个企业来说不是好和坏之分，而是成和败之分。没有制度是一定要败的。”远大集团董事长张跃如此评价制度的重要性。

在张跃眼中，企业是由员工组成的，企业运营的每一个活动都是可以无限细分到每一个员工的每一个动作上的，因此对每一个个体细节动作的程序化和标准化就显得异常重要。群体运行机制的好处是降低了管理的成本，提高了效率。更重要的是，通过标准化的运行机制能够最大限度地减小企业任务执行过程中因随意性而造成的损耗和失误。

在远大集团，群体运行机制建设得非常完善。远大的制度化文件涉及了每个远大人的工作、生活和行为规范。每个员工在企业里的每一项活动都可以随时找到相应的表格来指导执行。在车间有工位告示牌，告诉你工作流程、你所担负的责任、你需要完成的任务；在宿舍有环境及生活告示牌，告诉你清洁、用电和作息的时间；如果你要出差，有相应的表格告诉你该带什么东西，该做什么，该汇报什么。由于文件分类清晰、条款分明，任何人打开电脑或翻阅目录，只需极少的时间就可查到所需的文件内容。这种标准化运行机制的建设，为远大集团带来的直接效益就是大大提升了企业的运行效率。

在通用电气公司内部，有一种会议模式特别受推崇。这种会议模式被称为“快速市场智能”（英文缩写“QMI”）。这种电话会议使通用公司的管理层发现了同步交流的价值。由于公司的全球主管在地理上的分布很广，经理人不能很频繁地参加面对面的会议。QMI 通过视频和电话让他们聚到一起，遍布全球各分公司的大约 50 个人就会进行一次对话。通用公司规定，这种电话会议每两个星期举行一次。

这种针对电话会议的全体运行机制使所有 QMI 的参加者，不管他们是处于不同的阶层还是遍布全球，都能够及时地了解到在顾客、竞争对手身上以及全球技术方面到底发生了什么。这种模式为通用公司带来的是效率更高的会议。因为是电话会议，全球同步进行，这就要求参会者必须考虑以下几个问题：讨论的问题必须要独特而且简单，能在两分钟内回答上来；所有的参加者必须轻松和有勇气做出贡献；为了不让人们失去兴趣，会议要简短；会议过程中要对信息进行处理，最后要做出总结。QMI 在公司内部获得了成效，它使公司的高层管理者不再为举办全球会议发愁，很多难度很大的事情能够轻松被这种会议解决。

作为企业管理者，要如何设计出完善的群体运行机制呢？这需要从多个方面入手。设计群体运行机制，首先要结合企业文化。这是因为制度保障下的群体运行机制是灌输和贯彻企业文化的一条重要渠道。其次要与企业发展阶段适应性相。在不同的发展阶段，企业会面临不同的阶段性任务，相应地就不可避免地要应对不同的问题。运行机制这时的作用就是保障企业在这个阶段的运营，圆满完成阶段性任务。再次是要与企业资源相适应。运行机制的功能之一就是不断促进企业资源的完善，而不是无谓消耗资源。最后是要充分考虑到市场因素。运行机制在这里的任务就是充分保障企业目标的顺利实施。考虑到市场因素，这就要求

企业管理者将眼睛盯到市场上去，盯到一线去，让市场成为真正的运行机制设计的导师。

企业管理者在设计群体运行机制的过程中，一定要有服务于员工的理念，并尽可能地要求员工参与进来，发动所有员工对制度的建设献计献策，共同制定。设计的制度要有罚有奖，奖罚手段要有所创新。另外制度还要实时更新，制度不能是死东西，一成不变最终肯定会变为形式主义。

06　消除企业制度错位现象

企业管理者都知道制度对于企业发展的重要性，但是，不可避免的是，在企业管理实施过程中，依然会存在多种制度错位的现象，比如有章不循、形同虚设、半途而废、装潢门面等。企业制度建设错位的表现有很多种，总结起来，主要有以下五个方面：规章制度缺乏系统性；形成制度缺乏民主性；制度内容缺乏操作性；执行制度缺乏连续性；落实制度缺乏原则性。在企业制度形成的过程中，任何环节的错位都有可能使制度失去效力。

所有的企业管理者都希望找到企业制度错位的根源，从而使自己得以避免。要想根除制度错位现象，最先反省的就是制定制度的企业管理者，尤其是企业的主要决策者。很多失败的企业案例表明，企业管理者对制度建设的认识和重视不够，是制度错位的第一大原因。第二大原因依然和企业管理者有关——继任的管理者由于对前任的经验采取“颠覆”态度，致使企业制度缺乏连续性。另外，文化建设不力的企业会使制度合力、凝聚力不够，从而导致错位现象的发生。

某公司员工孙名，以自己妻子生病为由，向公司申请借款人民币25万元。孙名根据公司的借款流程，首先写了个借款申请，申请书内容是这样写的：“孙名向公司借款人民币25万元整，允许此借款分批

从孙名工资和奖金中逐月扣除，借款期不超过2008年1月1日。”这个申请经公司的主管领导和部门经理签字同意后，公司的财务就分两次、用支票的形式向孙名支付了25万元借款，孙名也对此进行了签收。然而借款不到半年，孙名就忽然不辞而别，还有欠款20万元没有归还。无奈之下，公司只好收集证据向法院起诉，然而因找不到孙名，同时也没有任何担保，公司的维权之路困难重重。

导致该公司利益受损的主要原因在于它们在制度方面存在着严重的缺陷。首先借款流程就不完善。公司应当要求员工提供相关医疗病历证明，而不是单凭口头的说明。其次是借款形式不正规。双方没有签订借款协议书，导致很多权利义务都没有明确。再次是还款方式不明确。因为没有签订借款协议，双方也没有对涉及借款的一些事项做任何说明。最后是担保方式不存在。没有保证人保证担保，也没有用财产进行抵押担保。

正所谓“无情的制度，有情的管理”，企业应该学会用制度去制约并保护自己。关于企业制度的建设，我们对企业管理者提出以下几点建议：首先在态度上不要忽视企业制度。企业制度建设不仅是企业文化建设的一部分，还是实现现代企业精细化管理的一个重要方面。其次，企业制度的建设要立足于所有职工的认同，要保证各项规章制度能够得到真切落实。再次是要完善监督机制。有监督，制度才能实现真正的“平衡”。最后，制度管理要形成一套科学体系。因为科学体系不仅是强化企业内部管理的需要，也是保持企业健康发展的需要。科学、系统的制度管理是发挥企业整体效能的保证，也是检验企业管理水平的重要方面。

07　最好的制度是员工的自我约束力

管理者和员工就像一对天生的“仇敌”，他们似乎处在矛盾的对立两面，永远无法调和。在工作中，大多数人都抱怨过老板忽视自己的意见，用指挥、命令的方式来行使领导的权力，甚至经常无情地批评与训斥下属。与此同时，老板对员工也经常感到不满意，他们认为员工不服从管理、不遵守制度、生产技能不够、懒惰、效率低下等等。

对于这种冤家似的矛盾，美国学者肯尼思·克洛克与琼·戈德史密斯曾在合著的《管理的终结》中分析指出，管理的终结不应是强迫式的管理，即利用权力和地位去控制他人愿望，而应是“自我管理”。

事实便是如此，最有效并持续不断的控制是触发个人内在的自我控制，而不是强制。许多企业在推行人本管理的过程中花费了大量的时间和精力，效果却不甚理想。为什么呢？就是没有紧紧抓住最为关键的那个部分——帮助和引导员工实现自我管理。因为，现代企业的员工有更强的自我意识，工作对他们来说不仅意味着“生存”，更重要的是，他们要在工作中实现自己的价值。一个公司的管理者，假如没有认识到这一点，那就无法赢得他的员工的心，他的公司同样也无法获得成功。

戴明博士是美国管理界的权威，曾被誉为“质量管理之父”。他曾经讲过这样一个案例：一个日本人受命去管理一家即将倒闭的合资美国工厂，他只用了三个月的时间就使工厂起死回生并且赢利了。为什么

呢？原来道理很简单，那个日本人解释道：“只要把美国人当作是一般意义上的人，他们也有正常人的需要和价值观，他们自然会利用人性的态度付出回报。”

可见，真正的“人性化管理”，是帮助和引导员工实现自我管理，而非要求员工完全按照已经全部设计好的方法和程式进行思考和行动。

大名鼎鼎的西门子公司有个口号叫作“自己培养自己”，它是西门子发展自己文化或价值体系的最成功的办法，反映出了公司在员工管理上的深刻见解。和世界上所有的顶级公司一样，西门子公司把人员的全面职业培训和继续教育列入了公司的战略发展规划，并认真地加以实施。只要专心工作，人人都有晋升的机会。但他们所做的并不止于此，他们把相当的注意力放在了激发员工的学习愿望、引导员工不断地进行自我激励、营造环境让员工承担责任、在创造性的工作中体会到成就感这些方面，以便员工能和公司共同成长。对西门子来说，先支持优秀的人才再支持“准成功”的创意更有价值。面对世界性的竞争，就要拥有成功的经营人才。这种理念的前提就是，经过挑选的员工绝大部分都是优秀的，他们必须干练、灵活和全身心地投入工作。他们必须有良好的学历，积极发展自我的潜力。而且，公司也正是因为有了这些优秀的员工而获得了业绩和其他利益的增长。

云南三环化工股份有限公司是我国的一家知名企业，它有着30多年的历史，是磷肥行业中的知名企业，该公司现有员工1600多名，2004年销售收入为15亿元。之所以有如此卓越的成绩，是因为从2003年起，公司就开始推行自我管理的“诚信自律”班组活动，强调给予员工足够的信任和尊重，让班组和员工自愿提出申请，在安全生产、劳动纪律、行为规范、现场管理、生产技能提高等方面进行自我管理，员工自己制定各项行为准则和规章制度，并签署承诺书，自己说到的就要做到，同时自觉改正错误行为，不断提高管理水平。

在接受记者采访时，三环化工股份有限公司董事长吕庆胜这样评价道："推行诚信自律班组，有助于增强管理者与员工的相互尊重和信任，进一步改善公司员工的工作氛围，降低管理成本，从而提高工作效益。"

这两个案例有效说明了"道之以政，齐之以刑，民免而无耻；道之以德，齐之以礼，有耻且格"这个道理。对于管理者而言，员工的自我约束力是最好的管理制度，是企业事半功倍的法宝。当然了，员工自我管理虽然是一种切实可行的积极的目标，但是要想真正做到却非常不容易，这不仅需要领导者和管理者具备帮助、引导、培训的种种技巧，还需要极大的热情、耐心以及正确的信仰。

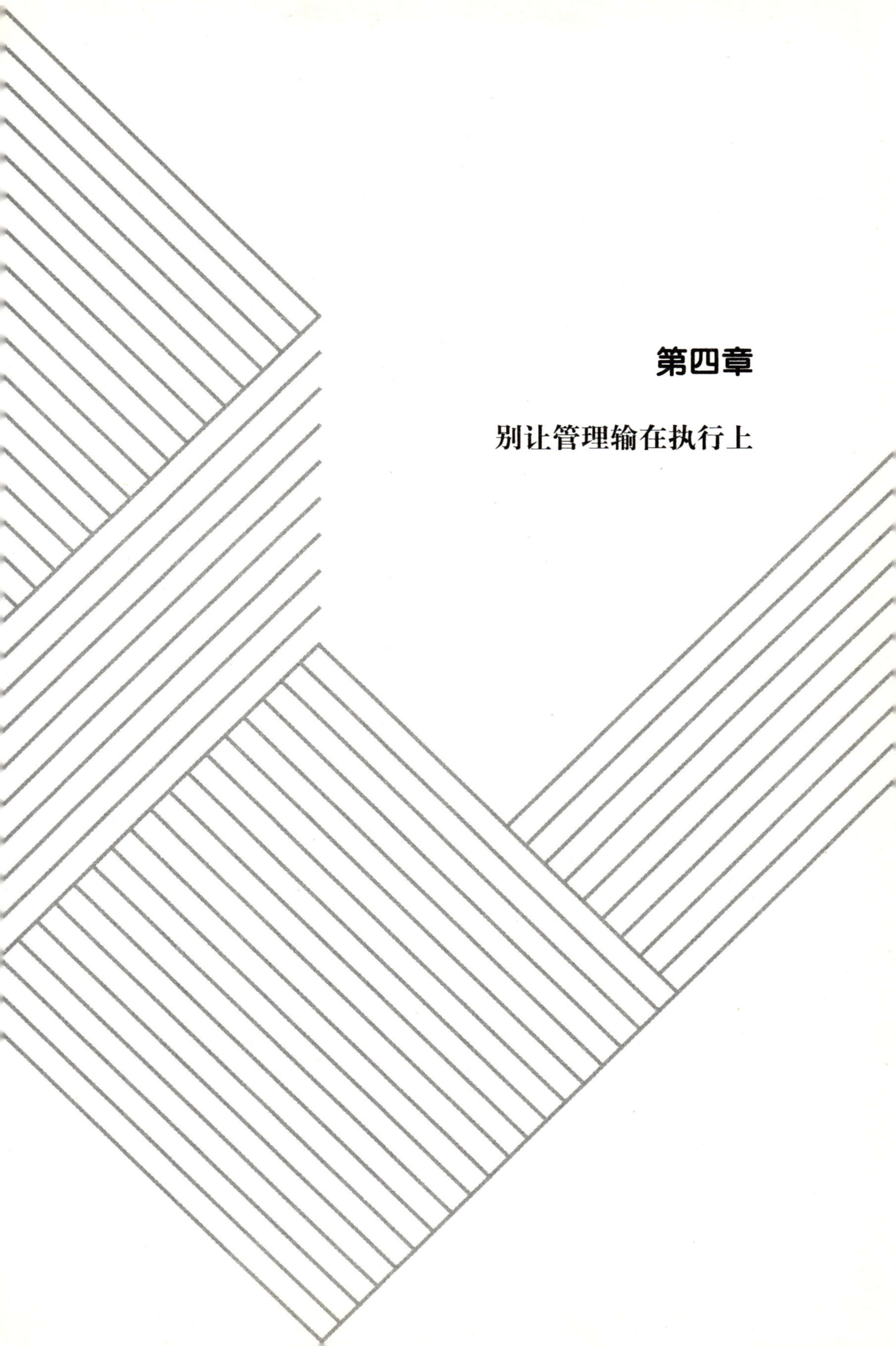

第四章

别让管理输在执行上

01　制度不在于多而在于执行

企业传统的做法总是制度制定多、检查落实少；突击性检查多、日常性检查少；口头要求多、实际落实少。检查的随意性成为“表面文章”的典型代表。不检查、不督促，就难以保证有效的落实。

美国斯坦福大学心理学家詹巴斗曾做过这样一项有趣的试验：他找了两辆一模一样的汽车，把其中一辆摆在中产阶级社区，而另一辆摆在相对杂乱的一个社区。他把后一辆车的车牌摘掉，并且把车顶打开，结果不到一天，这辆车就被人偷走了。而前一辆车摆了一个星期仍安然无事。后来，詹巴斗用锤子把那辆车的玻璃砸了个大洞，结果仅仅几个小时后，车就不见了。

以这项试验为基础，政治学家威尔逊和犯罪学家凯琳提出了一个“破窗效应”：如果有人打破了一个建筑物的窗户玻璃，而这扇窗户又得不到及时的维修，别人就可能受到某些暗示性的纵容去打烂更多的窗户玻璃。久而久之，这些破窗户就给人造成一种无序的感觉，结果在这种公众麻木不仁的氛围中，犯罪率就会上升。

人们大部分时候都习惯运用惯性思维，而且往往是沿着一个破坏性的思路去思考。假设你将一个漂亮的鸟笼挂在房间里最显眼的地方，凡是走进房间的客人看到鸟笼后大都会问你这样一句话：“鸟呢？是不是死了？”他们不会知道你根本就没有养过鸟，而是沿着破坏性的惯性思维认为你的鸟一定是死了。过不了几天，你一定会做出下面两个选择之一：把鸟笼扔掉，或者买一只鸟回来放在鸟笼里，以免花费太多的精力来应付这无休止的盘问。

这种面对不完整的事物进行破坏性思考的情况并不鲜见。见到窗子破了，不去思考如何修补，而是想着如何放纵自己去打碎更多的玻璃。这种惯性思维会给企业管理带来很多危害，例如，组织制度上出现了破窗，员工就会想办法去钻这些空子，从而形成不良的风气。

再如，在企业中，我们经常可以见到这样的情形：会议室的凳子，今天少一个螺丝，明天靠背就掉下来了，如果没有人落实责任及时修理，后天可能就要报废。久而久之，其他椅子也会有相同的命运。不出半年，会议室就会成为一个杂物间。

办公室的窗台上有一层灰，没有人去打扫，一星期后，电脑上、桌角、墙角……只要是不经常触及的地方，都蒙上了厚厚的一层灰。如果我们视而不见，不加以处理，久而久之，办公室将成为一座垃圾场，纸张码放无序，地上垃圾成堆……不管是客户还是老板，一看就知道这些人懒散、无序、没有责任心，更何谈效率？以上这些现象，我们都可将之看作是“破窗效应”。第一扇破窗不及时修复，导致了第二扇、第三扇……更多的窗户被打破。在企业中更是如此，如果第一件破坏制度的事情发生后，得不到及时有效的解决和处理，一方面，容易使其有恃无恐、变本加厉；另一方面，从更深层次来说，破坏行为没有得到纠正，其他员工就会理所当然地接受这种错误，久而久之，员工的正确认识会受混淆，是非分辨能力会下降。即使员工当时对此种不当行为有所认识，由于管理者当时没有明确表态并采取必要措施，也会诱导其他员工习惯性地沿着那个破坏性的思路去思考，觉得制度即使破坏了也不会受到什么惩罚。于是，第二件、第三件……这样的事情接二连三地发生，直到制度彻底被破坏，严重影响企业的发展。

为了避免这种“破窗效应”所造成的制度破坏，就必须从补上第一扇“破窗”开始，管理者要对公司员工中发生的“小奸小恶”行为，给予充分的重视，适当的时候要小题大做，这样才能防止有人效仿，避免积重难返。

作为新中国成立后国家投资兴建的第一座百货大楼，北京王府井百货大楼曾经赢得了很多荣誉。但是在市场竞争日益激烈的今天，它却逐渐失去了“中国第一店”的风采。1996年，王府井高层在谋求变革的路上迈出了第一步，邀请著名的麦肯锡咨询公司为其设计了集团的主业连锁经营方案；同年，又请安达信咨询公司开发了计算机管理信息系统；1997年，请麦肯光明广告公司进行了市场营销和广告总体策划。但是，这一切仅仅是写在纸上，并未执行，耗资500万请麦肯锡做的战略规划方案没有最终贯彻落实下去。虽有最强势的阵容方案，执行者却没有把制度落实到位，使得王府井集团最终失去了在市场上重塑第一店的机会。

很多时候，人们会把企业运营失败的原因归咎于制度不够完美，但在大多数情况下，制度完美与否并不是原因，导致企业失败最根本的原因是已有制度未落实或者落实不到位。制度执行是企业中每一个人最

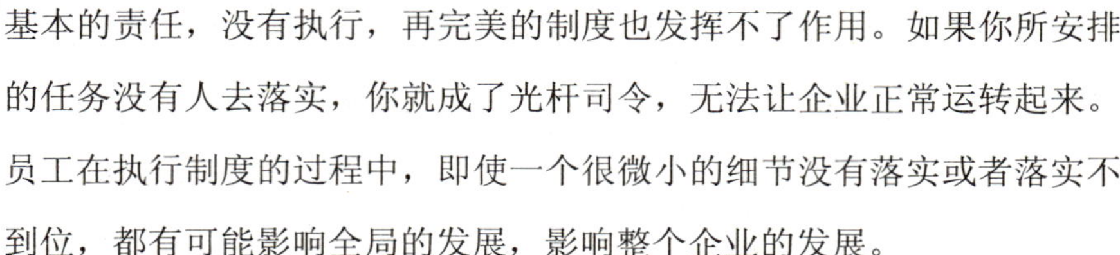

基本的责任，没有执行，再完美的制度也发挥不了作用。如果你所安排的任务没有人去落实，你就成了光杆司令，无法让企业正常运转起来。员工在执行制度的过程中，即使一个很微小的细节没有落实或者落实不到位，都有可能影响全局的发展，影响整个企业的发展。

执行是制度管理的最关键环节。无论多么好的制度，如果不能得到有效的执行，就变成了一纸空文，更重要的是，不注重执行一旦形成习惯和风气，将会影响整个组织的有效运转，甚至会导致组织的灭亡。

管理者在制定制度时，要考虑到执行时能否顺利。一个企业的制度包括的范围非常广泛，关键是要建立一套能在组织中清楚地指导员工怎样做的制度。一定要对企业情况了解得清楚细致，否则不要在某一特定领域制定规章制度。就某一问题来说，不明确的制度比没有制度更糟糕。

要为企业量身定做一套合乎需要、易于执行的制度，我们可以从一个新进的员工有什么问题出发，观察老员工是怎样应对这些问题的——他们一般都会采用同一方式解决类似问题。这些方式在大部分情况下可以作为制度使用。遵照这个过程，制定一套制度就相对容易得多。

对于在制度中没有做出明确规定的问题，管理者应该对出现的情况做出书面决定，听取老员工的经验之谈，建立起一套可供员工参照、应用的独有的制度。

制度应当在任何情况下对所有员工统一使用。如果出现了合理的例外情况，如对某一长期顾客的特殊优惠等，应将这一情况通知所有相关人员。

如果例外的情况很多，那么制度一定是制定得太严了，就有必要进行一些调整。

制度制定后，下一步就是执行，此时管理者除了要以身作则，还要勤检查，保证制度能够很好地执行、真正地落实。

检查与考核是管理员工的一对孪生兄弟，只检查不考核，检查缺乏力度；只考核不检查，考核便失去了行使依据。强有力的检查和考核是推进各项制度落实的锐利武器。管理者要把跟踪检查当作一项日常性的工作，不能忽视。

检查的过程既是落实制度的过程，也是揭露问题和修正错误的过程。对于检查中披露出来的问题，能当场纠正的绝不要留到日后去处理。世界零售巨头沃尔玛有一个著名的商业原则，那就是“日落原则”，即要求沃尔玛的所有员工当日事当日毕，要在日落以前结束当天应干的事情，做到日事日清，绝不拖延。这一原则同样适用于检查工作，如果把检查工作作为日常性工作，暴露出来的问题就不应拖延到第二天。

考核监控与奖惩机制是让制度得到有效执行的重大措施。没有了监控与考核，人们会对制度置若罔闻，这是人类的惰性使然。但是要发展，要成功，就必须克服惰性，其中非常重要的一个方法就是加强监控，同时配以公正的考核，并且运用好奖惩机制进行导向。

严格的工作考核、检查与奖优惩劣相结合，是各项制度、政策及目标得以顺利落实的最关键因素。

考核是一种制度，更是制度得以落实的核心环节。如果考核流于形式，模棱两可，无论对管理者还是员工，都是一种欺骗和成本浪费。

对员工进行考核，最主要的内容是绩效考评。绩效考评的结果可以直接影响到薪酬调整、奖金发放及职务升降等诸多员工的切身利益；绩效考评的最终目的是落实制度，改善员工的工作表现，以达到企业的经营目标，并提高员工的满意程度和未来的成就感。

如果出现了“破窗”，就要立即找出谁是破窗的罪魁祸首，严惩不贷。只有这样，员工才会认真执行制度，我们的企业才能永远“窗明几净”，无失败之忧。

02　决策做出，坚决执行

科学家们曾做过这样一个实验。在只有窗户打开的半密闭的房间里，将6只蜜蜂和同样数目的苍蝇装进一个平放的玻璃瓶中，瓶底朝窗户。科学家们发现，蜜蜂们会不紧不慢地在瓶底徘徊，苍蝇们却在瓶中横冲直撞，不到两分钟，它们穿过另一端的瓶颈逃逸一空。蜜蜂们以为，出口必然在光线最明亮的地方，一定会找到出口。于是，它们不紧不慢地行动着，然而等待它们的却是死亡。苍蝇们成功地逃离是因为它们懂得快速行动才能求得生存。

决策需要行动，没有行动的决策只能是一种想法，不能借助于行动的决策等于没有决策。有了决策就马上去行动，决策必须转化为行动，因为只有行动可以证明决策的价值。英国A. J. S公司副总裁普赛尔一针见血地指出：思虑过多会阻碍迅速行动，组织若确立了目标，制定了战略，做出了决策，却不执行，这和没有决策或者决策错误无本质的区别。

作为企业的管理者，在完成一个决策之后，首先就是要提醒自己：杰出的决策必须加上杰出的执行才能奏效。

1954年的一天，克罗克驾车去一个叫圣贝纳迪诺的城市，他看到许多人在一个简陋的餐馆外排队，他也停车排在后面。人们买了满袋

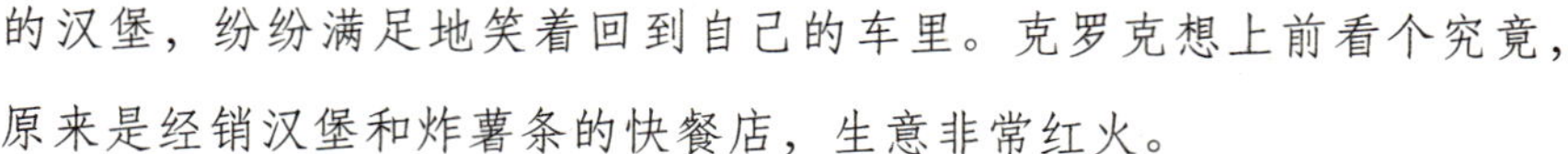

的汉堡，纷纷满足地笑着回到自己的车里。克罗克想上前看个究竟，原来是经销汉堡和炸薯条的快餐店，生意非常红火。

此时，克罗克已经52岁了，还没有自己的事业，他一直在寻找自己事业的突破口。他发现，快节奏的生活方式就要到来，这种快餐的经营方式代表着时代的发展方向，大有可为。于是他毅然决定经营快餐店。他向经营这家快餐店的麦当劳兄弟买下了汉堡摊子和汉堡、炸薯条的专利权。

克罗克搞快餐业的决策遭到家人及朋友的一致反对，他们说："你疯了，都50多岁了还去冒这个险。"然而，克罗克决定了就毫不退缩。在他看来，决定大事，应该考虑周全；可一旦决定了，就要一往无前，赶快行动。行与不行，结果会说明一切，最重要的是要有行动。

克罗克马上投资筹建他的第一家麦当劳快餐店，经过几十年的发展，克罗克取得了巨大的成功。人们把他与名震一时的石油大王洛克菲勒、汽车大王福特、钢铁大王卡内基相提并论。这就是行动的力量。倘若，克罗克在亲友的劝说下，放弃了他的决策，我们今日怎么可能见识到辉煌的"麦当劳帝国"呢?

管理者要善于决策，更要善于行动。行动才能出结果，要想使决策取得成功，就必须付出行动，而且，必须在第一时间付出行动。成功不是靠等待得来的，而是在将决策转化成行动后得来的成果。管理者要如何将决策转化为行动?

必须在行动前首先明确无误地回答下列问题：决策必须让哪些人知道？必须采取什么行动来贯彻落实？应由哪些人来执行？这一行动应该包含哪些内容、经验和标准，以便让执行决策的人有所遵循？

在决策执行的过程中，管理者必须设法落实以下两个方面的情况：

第一，行动的责任要落到具体执行人；第二，执行决策的人必须要有足够的能力。管理者对其下属的考核方式、考核标准及奖励办法都应该随着决策的执行而做出相应的调整，并要使这些考核成为决策执行的激励力量，而非影响执行效率的负面因子。

03　执行不到位，管理全白费

王石说："企业最缺的不是制度，而是制度的执行。"张瑞敏也说："制定一项好的制度不易，能够坚决执行则更重要。管理到不到位，很重要的一点，就是看规章制度是否真正落实到底。"

几乎每个公司的管理层，都希望企业的制度能得到有效的、不折不扣的执行。但是，结果总是事与愿违。很多很好的规章制度，常常成为一纸空文的摆设，最后被束之高阁。执行落空、执行难、执行打折扣、执行扭曲、执行不到位是普遍现象，它已成为各类组织的通病。

2009年4月4日5时30分，黑龙江省鸡西市天源公司金利煤矿发生透水事故，当班入井22人，6人安全升井，16人被困井下，经全力抢救，有4名矿工获救，已找到7名遇难者。经初步分析，造成事故的主要原因：一是该煤矿无视政府法令，未经复产验收和返还证照擅自生产；二是未按照正常程序作业，在矿井水文地质资料不清的情况下无规程作业；三是超层越界开采、违规制造隐蔽工程；四是监管不到位。

一个个的原因背后反映的是制度执行不到位。在资源尤其是能源日趋紧张的今天，煤矿、天然气、石油等能源企业如果在精细化管理中提出有效办法，在保证生产效率的前提下，提高安全产供的系数，减少安全事故的发生，已经成为一个重要的研究课题。

为什么制度总是难以执行到位呢？为什么优秀的国内企业和跨国企业的制度，就能得到不折不扣的执行呢？这里面有没有规律可循呢？

我们先从制度看起。

一个科学的完整的制度，是一个可操作性的、能保障执行到位的制度，它通过以下三部分构成：

1. 原则条款

制度中的原则性条款，是管理者希望员工做什么，不要做什么。原则条款通常都是笼统的要求，只说做什么，没说怎么做，缺乏具体、细化的操作方法。

2. 执行程序

实施执行程序，需要针对原则条款，订出具体的实施方法和标准，主要解决怎么做、如何执行的问题，使原则条款转化为可操作的程序规定。

3. 检查程序

有效的检查程序包括：谁检查，按什么程序检查，检查者要负什么责任，怎么约束、检查检查者。它是制度执行机制中最关键的部分。缺少检查程序，制度执行就没有保障。

原则条款、执行程序、检查程序三部分是相互依存、缺一不可的。其中，最重要的是检查程序（它是制度结构中的重中之重），其次是执行程序，原则条款为最轻。三个部分的组成结构，如下页图所示。

从制度的组成结构中，我们找到了许多企业在精细化管理中制度之所以执行不到位的重要原因：

多数企业和组织在制定制度时，通常只拟出原则性条款，提出基本要求，但很少或根本没有实施执行细则（执行程序），更缺乏有效的

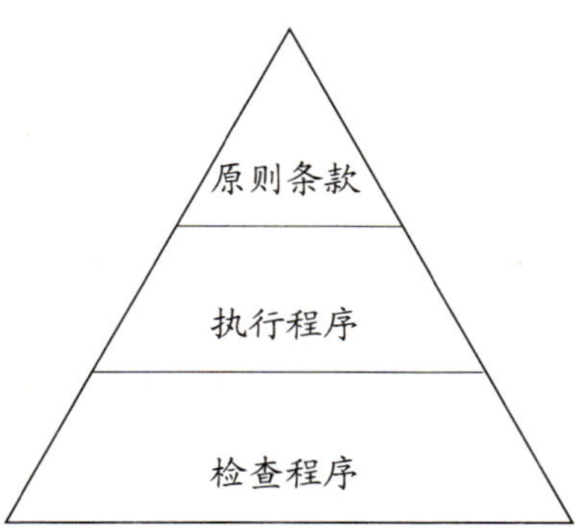

监督检查程序。

以首办责任制来说，近几年来，有数以千计的企业和单位，都在推行首办责任制。这是一个非常好的管理制度，它一针见血，切中要害，是治理一线工作人员恶意推诿、拖沓、设置障碍的有效杠杆。

但是，绝大多数单位在推行这条管理制度时，都只是简单地订出几条原则性条款，几乎没有实施执行程序，更没有监督检查程序。结果收效甚微，大都走形式，变成了一种虚设的口号。因为没有实施细则或执行程序，怎么能有操作性？没有检查程序，怎么能保证操作到位？

结构决定功能，正是由于制度结构的缺陷，导致了许多机构的制度难以落实执行到位。

精细化管理落到实处的企业，他们的制度结构与一般企业正相反，原则条款、执行程序、检查程序三个组成部分之间的比例约为1：2：3。正是这种正三角形的组成结构，才使得这些企业的制度得以落实执行到位。

精细化管理制度形同虚设、制度执行不到位的企业，不妨从这个方面来思考，从而得到一些启示。

04　精细化管理，严格按程序执行

现实中往往有这样的情况，许多员工在某些企业可能毫无建树，平淡无奇，可换到另一家企业，却能做出优秀的成绩。同样，有许多在某些企业曾做出优秀成绩的员工，到了另外一些公司后却变成了“庸人”。

员工的能力总是表现出不稳定的状态，原因只有一个，这就是他们的执行过程是随意的、变通的、不可复制的，所以表现出了时好时坏的现象。如果员工有一套工作时的标准化行为，那么因为变通而导致的执行力不稳定现象就会消失，员工的执行力就能得到稳定的提升。

这也是精细化管理对执行的要求——严格程序执行。员工的工作过程，也就是执行企业和上级指令的过程，包括三个必要的环节：

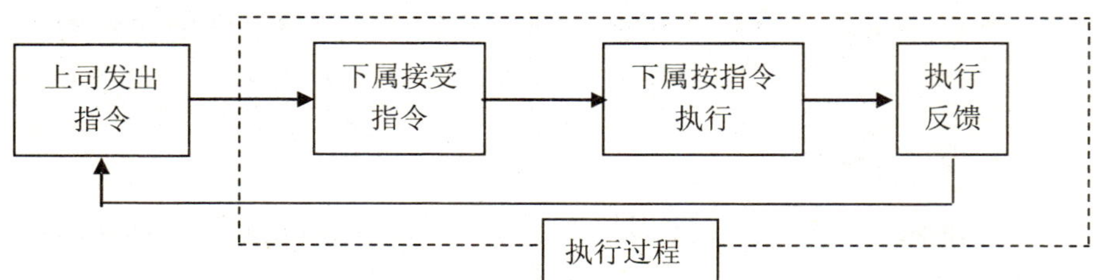

工作指令也就是执行的内容，都由上级或组织发出，下属接受并服从指令。下属按上级指令采取行动，是执行的中心环节，它决定了执行的效率和质量。下属执行完成后，汇报给上级，由上级检查考核。

严格按程序执行，要求员工和管理者在执行的三个程序中各尽其责，以此保证精细化管理的执行力。

管理者必须重视相应的责任。首先是在布置工作、下达任务指令时，就应该尽量精细化，有方法、有标准、有时限，尽量不留下执行的弹性空间和漏洞，实行事前控制。工作指令细化了，并不能保证下属执行到位，管理人员还要花大力气全过程跟踪、促进、督导、检查。

为了促进程序的严格执行，员工培训是事前控制必不可少的一个内容。如果缺少员工培训，违反程序做事，工作出差错，工作质量、效率不高是必然的。而那些优秀企业更是花了不少的时间和精力投入到员工培训中。

严格按程序执行，需要无比坚决的态度去维护程序的神圣，所以对违反精细化管理程序的个人要进行严惩。

越是精细化管理做到位的企业，其员工的执行力越强。因为员工无须去考虑由于“人治”而可能导致的各种意外，一切严格按流程执行即可。在这样的企业，没有英雄，没有个人主义，但每个人都很优秀，因此企业拥有强大的执行能力，能够将战略落实到位。

05　没有跟进落实，一切都会流于形式

中国很多企业和机构迷恋官僚主义的管理方式，任务布置了，就等于完成了，任务强调了，就等于做到位了，不屑于做大量的跟踪促进工作。只满足于下指令、发文件，懒得下大力气抓落实、促执行，结果很多好的决策、战略、政策、制度往往执行不到位。

许多机构抓落实还有个套路：上级指示、政策下来了，第一步先开个落实会，指定哪些部门哪些人负责；第二步发文件；第三步，公式化的检查。这种抓落实的最大问题就是不落实，缺乏大量的跟进。任务落到人头上只是抓了“落”，还没抓“实”，是落而不实，执而不行。而执行跟进恰恰是抓落实的重中之重，没有跟进就没有落实。特别是在精细化管理时代，没有跟进落实，一切的政策都会流于形式。

某石化公司召开内控体系发布会，正式发布《内部控制管理手册》。公司管理层并没有将这个制度流于形式，而是高度重视，并进行了从头到尾的跟进工作。

早在1至4月，公司就认真完成了《内控管理手册》的编写和上报审核工作及内控自我测试。执行过程中，公司不断创新做法，如产品销售部门将每一个控制措施落实到具体执行人，并专门成立了内控

检查小组，定期组织内部自查，使内控成为员工的自觉行动；生产计划部门根据内控要求，对全公司各生产厂存货入库、出库管理控制实行统一管理，严肃了生产计划管理，确保存货管理规范化、程序化。

执行中，管理层更是积极协调解决各类问题。如针对改造项目管理问题，公司重新调整了改造项目管理分工和工程结算审核流程；针对临时借调人员无法完成今年执行阶段的大量工作，公司按股份公司要求增设专人专岗从事内控工作，并定期召开协调会。

为了让管理手册得到更好的落实，公司加强内控的培训工作，除了加强内控手册和信息系统的学习之外，还加大了对股份公司职业道德规范的学习，下发了《职业道德规范学习手册》。

石化公司一直跟进落实过程，才保证了内部控制的成效。抓落实，跟踪促进执行，是个极耗时费劲的工作，它可能占了管理工作 70% 的时间。也许，正因为执行跟进工作费时费劲，因此没有引起一些超脱的管理者的重视。

但是，执行的跟进工作不到位，下属执行起来就可能更不到位。还有的管理者认为，抓落实是小事，自己是决策者，是做大事的人，具体的跟进自己没有做的必要。跟进不够，造成执行不到位，影响到企业决策的实施和企业的发展，小事就变成大事了。

抓落实就需要全体管理层将跟进一步步执行到位。正如海尔的张瑞敏所说：“作为领导，要有一种对一件事一抓到底的韧劲。在中国企业里，往往是领导做出一个决策后，在向下传达的过程中，就出现衰减偏差。如果你不能一直盯着，很多事情你以为已经做到位了，其实下面往往还没开始干。虽然我是1万多人的企业领导，也还要亲自到基层抓某一件小事，不去做不行。”

可见，连高层领导都要到基层抓落实，更何况中层和基层领导呢！

06　执行需要持续纠偏

职责、程序、制度、政策在实行中，尽管有了事前控制和事中控制，但还是会有偏差，还是会有达不到管理者要求和标准的地方，这是必然的。否则，若员工都能事事执行到位的话，那也用不着精细化管理了。

偏差，就是员工的实际工作状态与管理层期望或要求的状态的差距，即：

偏差 = 管理层要求状态 − 员工实际状态 = 问题

管理层要求或期望员工尽职尽责、敬业乐干、不折不扣地执行程序和制度，但员工做事马虎，磨洋工，违反程序和制度，这就产生了执行偏差，偏差就是问题。

有偏差怎么办？有人说：最好的办法，就是罚款，见效最快。

一线员工执行指令，如果产生了偏差，执行不到位，管理者就要运用奖惩手段纠正偏差，促使执行结果达到工作指令所要求的期望状态。

有个国有企业领导总结说，执行力是骂（训斥）出来的。通过责骂和罚款解决员工的执行力问题，从而预防和控制偏差虽有一定道理，但是失之片面。这是粗放式管理的旧观念。精细化管理时代，这样的途径是不能达到提高执行力目的的。

如何纠正和控制偏差呢？拿迟到来举例：

有人开会迟到，这是对会议制度的执行偏差，可以用批评、罚款等惩罚性手段，使其纠正错误行为，以后不再迟到。但也可以通过奖励来纠正开会迟到这个偏差。例如对按时到会、遵守会议制度的人进行表扬、奖励，而对迟到人员不奖励也不处罚，采取中性态度。这样做同样也能让开会迟到的人产生压力，使其以后不敢迟到。

这个纠正偏差的例子中提到了两种方式。

1. 正反馈调节，就是奖励按时到会的人

如果员工的现状不近人意，工作状态与管理层的要求有差距，那么运用各种激励手段，促使员工改进、提升，以达到管理层的期望状态，就是正反馈调节。经常用到三种措施：给票子（物质刺激）、给位子（职务提拔升迁）、给面子（满足员工的重要感需求，包括精神激励在内）。

2. 负反馈调节，就是批评、罚款迟到的人

负反馈调节一般采取小题大做、吃一年苦、听证会的形式。

很多企业，特别是公共机构，只重视抓大事、大问题，不在意小问题、小苗头，结果小事、小问题逐渐发展成大事、大问题，到了问题相当严重了，再来一次集中整顿、严打。整顿过后又反弹，再整治。这就是粗放式管理的结果。精细化管理下，纠偏从小事、小苗头抓起，就不会发展成后来那么多大问题。

有时候，尽管领导人一而再、再而三地劝导，摆事实、讲道理，阐明企业与个人的利益休戚相关，但是仍然调动不起员工的执行力，这时就只能动用重罚了。

听证会的形式则有利于客观地判定事实，做出公正的处罚裁决，使犯错的当事人心服口服；大大地减少当事人报复的可能性；也减少了管理层由于处罚员工而导致的干群关系紧张和矛盾，因而管理层所顾忌的内外部关系干扰和压力大大减少了。

正反馈调节与负反馈调节，只是精细化管理中风格的不同，都具有纠正和控制偏差的实效。企业管理者可以根据自己的风格和施行的效果来决定选择一种纠偏方式，或者将两种方式结合起来施行。

07 可执行的目标才有存在的意义

目标必须是可执行的，这就要求目标不能只停留在企业愿景的阶段，更不能只停留在宏伟事业的层面。创业者要将企业目标分解成可操作性的流程、标准和考核的行动计划。被执行的目标不能毫无价值可言。目标必须明确，容易理解和可操作，真正起到发展向导的作用。

老鼠和猫的故事有了新的版本。之前的版本是：一群老鼠开会讨论如何避免猫的捕捉这个问题，他们定了一个很宏伟的目标，就是派一只老鼠去在猫的尾巴上挂上一个响铃，这样只要猫一走动，就会响起铃声，老鼠就能得以全身而退。结果由于没有任何一只老鼠愿意去执行这个任务，造成计划流产。老鼠依然每天生活在惶惶不安之中。

而猫这边发生了变化，猫的主人是一对夫妻，女主人是一个把猫当作宠物的人，她每天给猫买鱼吃，猫乐于享受这种不劳而获的美食，渐渐对捕捉老鼠失去了兴趣，身子骨也笨拙了许多。但是，老鼠的祸患依然存在，男主人对猫的表现十分不满，时常呵斥它，并扬言要将它扔弃在街头。这让猫很恐慌，于是它将它的猫崽们召集过来，说："老娘我身子骨老了，你们看看谁愿意替老娘教训教训那些鼠辈们？"

猫崽们都不说话，它们想的是：你身子骨老了，但我们也发胖了啊，谁还能跑得动啊？老猫一看大伙的积极性不高，就叹了口气，

退了一步说："你们要是觉得勉为其难的话，我们可以换个方法，你们之中谁愿意去和老鼠谈判一下，只要它们保持安静，我就愿意把主人每天买的鱼分给它们一半。"大伙依然不积极，各自忙着找借口，迅速逃离会场。最终，被男主人认为不作为的老猫被迫流浪街头。

一个团队的奋斗目标是团队发展的灵魂，是团队前进的路标。联想集团总裁柳传志曾说："中国有很多优秀的人才。这些人才好比一颗颗珍珠，需要一根线把他们联结起来，组成一串美丽的项链。这根线就是企业的共同目标。这个目标能够引导大家为共同的追求去努力。"因此，团队目标必须明确，而且一旦目标确立，团队所有成员的行为都会自觉地围绕"为了达成目标"而进行。

1962年，山姆·沃尔顿在他的第一家商店挂上沃尔玛招牌后，在招牌的左边写上了"天天平价"。这句话成为沃尔玛的行动纲领，指导着沃尔玛为实现这个目标控制成本。

沃尔玛的经营宗旨是"天天平价，始终如一"，它指的是"不仅一种或若干种商品低价销售，而是所有商品都以最低价销售；不仅是在一时或一段时间内低价销售，而是常年都以最低价格销售；不仅是在一地或一些地区低价销售，而是所有地区都以最低价格销售"。

正是力求沃尔玛商品比其他商店更便宜这一指导思想使得沃尔玛成为本行业中的成本控制专家，它最终将成本降至行业最低，真正做到了天天平价。

目标具有力量。在新创企业中，创业团队更多地感受到"达成目标"作为激励口号的存在。其实，从企业发展的角度来看，目标能够产生巨大的动能。但是，这种动能完全体现在执行中，只有与执行手段对接起来的目标才会迸发出巨大的能量，而那些不能被执行的目标，只能是空架子。

为了确保目标的实施，在推行目标时，企业内的所有人员应注意以下几点：

第一，每人须记住组织的总目标以及自己的目标与工作进度表。这是有效运用自己的权限、自我控制、努力达到目标的基础。

第二，对于未列入目标中的工作，也应用心去做，而不应只限于自己的目标工作，这样才能有效地完成自己所管辖的全部工作。

第三，除日常管理工作外，各上级主管还须定期与下级和员工接触，根据目标的进展状况进行调整，使整个组织的业务平衡发展。

第四，对于所发生的特殊情况，如果必须报告上级，应尽量以最快的方式进行报告，使上级能尽快掌握目标执行过程中的特殊变化，以便做出及时的反应。

第五，除非下属要求上级人员给予指导或协助，否则，工作上的细节应由下属亲自处理，上级应避免做不必要的干涉。

08　注重细节是高效执行的精髓

在市场竞争日益激烈、残酷的今天，任何细微的东西都可能成为“成大事”或者“乱大谋”的决定性因素。那些看似细枝末节的东西，恰恰是市场拓展的精髓所在。

1851 年，为了让不识字的工人区别肥皂和蜡烛箱，一个码头装卸工人在宝洁公司的蜡烛包装箱上涂上了黑色的“十”字。不久，另一个有艺术细胞的工人将黑色的“十”字改成一个圆圈套着一颗星，再后来又有人用一组星星替代了原来的一颗星，最后又加上了一轮残月和一个人的侧影。

此事被宝洁公司知道后，为方便工人和用户识别，决定在所有的蜡烛箱上都画上星星和月亮的图案。又过了些时候，宝洁公司的管理者认为，蜡烛箱上的图案是没有必要的，于是就把它涂掉了。

但是没过多久，宝洁公司收到了一封来自新奥尔良的信，一个批发商拒绝接受一批宝洁公司蜡烛的交货，原因是这些箱子因缺少完整的“星星和月亮”图案，被认为是仿制的。宝洁公司立即意识到了“星星和月亮”图案的价值，并将它作为注册商标重新使用。

这样，包括新奥尔良批发商在内的许多用户，才继续与宝洁公司保持业务往来。

细节恰恰是市场拓展的精髓，作为管理者就应该督促员工，重视细节的作用。原因主要有三点：第一，工作上没有小事。世事皆无“小事”，事事都是工作，只要是能产生工作结果的一部分，无论大小，都值得我们去重视；第二，密切关注自己的工作流程，只要觉得没有达到最佳效果，无论是多么“小”的细节都应该被关注并获得改善；第三，差距往往从细节开始，造成不同结果的，通常是那些很容易被忽略的“小”事。任何小事，只要你敢忽略它的存在，它就会在你不注意时给你狠狠的一击。

德国著名的连锁超市DM目前已有1000多家连锁店，2万多名员工，年销售额高达20多亿欧元。这么大一个集团企业，它的领导者是不是只坐在办公室里研究市场发展状况，做出经营决策呢？实际上不是这样的，DM的创造人格茨·维尔纳经常会到一些连锁分店去逛逛。

一次，他走进一家分店，看了一会儿后，对店长说：“请给我拿把扫帚。”店长非常不理解维尔纳的用意，维尔纳指指地上的灯光说：“你看，灯光的亮点聚在地上，什么用处也没有。”于是，维尔纳用扫帚柄拨了一下上面的灯，让灯光照在货架上。维尔纳用自己的行动证明了他对细节的重视。

细节做到位，执行才不致走样。领导者如果能在细节问题上做出榜样，员工就会学习，这样做的好处是每个员工都会对自己的工作更加用心，只有将细节做到位，执行才不至于走样。如果说现代企业对细节的要求能够达到一个境界的话，那就是实现“零缺陷”。

如果采用人盯人的现场管理办法，在当今快节奏的生产下，是不可能实现“零缺陷”的。只有建立一个行之有效的管理体系规范，在内部形成一个质量持续改进的良性循环，才能实现“零缺陷”的目标。“零缺陷”意味着高质量，而高质量的取得必须坚持质量管理的五大基本原则：所有的工作都是一个过程；质量即符合要求，而不是“好”；产生质量的系统是预防，不是检查；工作标准是“零缺陷”，而不是“差不多”；质量是用金钱来衡量的，而不是指数。

质量是文化和政策的结果。质量管理要求企业不能放过任何一个细节。作为一种操作哲学，质量管理追求的是芭蕾舞般“零缺陷”的境界，而不是杂耍般的即兴表演和戏剧般的横生枝节。

第五章

制度是基础，执行是关键

01　制度生效靠的是执行力

在公司管理中，经常会遇到这样一种现象：制度制定得很完善，但即使将它挂在最显眼的位置，员工也视而不见，致使制度无法执行，成了一种摆设。这也是管理者常常会头疼一个问题。其实是管理者执行不力所导致的。

某公司规定早上9点准时上班，可是准时到的人却很少，大家总是在9点时才开始陆续到来，直到9点30分才全体到齐。很明显，在这个公司已经有了一条“潜规则”——只要在9点30分以前上班就可以。

虽然有些员工准时来上班，但是一上班并未马上开始工作，而是泡一杯浓茶，浏览一番报纸，或者谈几条隔日新闻，然后再慢慢腾腾地开始工作。这种事情在大企业可能少见一点，但在中小企业，尤其是在那种有很多下属是与管理者同乡甚至沾亲带故的企业里，时有发生。

管理管理，管是控制，理是治理，这表明管理的一个很重要作用就是规定限制，让下属不能肆意行事，要知道什么能做，什么不能做。这就要求管理者不但要建立合理的规范，而且要严格地限制下属，让他们在制度范围内行事。《红楼梦》中王熙凤的做法可谓是值得我们当代管理者学习。

在去宁国府之前，王熙凤先对宁国府进行了管理诊断，一针见血地指出，宁国府在管理上存在五大弊病：“头一件是人口混杂，遗失东西；第二件，事无专执，临期推诿；第三件，需用过费，滥支冒领；第四件，任无大小，苦乐不均；第五件，家人豪纵，有脸者不服管束，无脸者不能上进。”针对这些弊病，王熙凤在宁国府进行了大刀阔斧的整顿。

有制度才好管事，王熙凤第一个整顿动作就是制定新制度。她还要求管理者带头遵守规则，严格进行管理，把制度变成了火炉，不管是谁碰上去都一样烫手，这就在最大限度上保证了制度的有效性和权威性。接下来，王熙凤开始根据工作需要来定岗定编，使分工清楚，责任明确，尤其是把做事与管物结合起来，把工作责任和经济责任结合起来，误了事要罚，丢了东西要赔。经过王熙凤的筹划，宁国府的管理果然面貌一新：某人管某处，某人领某物，分工十分清楚，诸如荒乱、推托、偷闲、窃取、无头绪等弊端，次日一概都没有了。

时间意识是王熙凤管理的一大特色。为了彻底扭转宁国府纪律涣散的颓风，王熙凤一到宁国府就说：“素日跟我的人，随身自有钟表，不论大小事，我是皆有一定的时辰。横竖你们上房里也有时辰钟。”

因此当王熙凤第二天“卯正二刻”正式到宁国府点卯，“那宁国府中婆娘媳妇闻得到齐”，只有迎亲送客上的一人未到。即命传到，那人已张皇愧惧，百般求饶。王熙凤说道：“本来要饶你，只是我头一次宽了，下次人就难管，不如现开罚的好。”登时放下脸来，喝命：“带出去，打二十板子！”这时人们才真正见识到了凤辣子的厉害。众人不敢偷闲，自此兢兢业业，执事保全。

王熙凤的成功在于她的聪明才干。尤其是在协理宁国府的过程中，王熙凤的管理能力得到了充分的表现与施展。治大国若烹小鲜，管理公司也是一样，制度的制定要慎重对待。完全没有必要动辄把一些新要求上升到制度的高度，但是一旦形成制度，就必须让下属严格遵守。

管理者要想让下属在制度范围内行事，就必须考虑到：制度本身要有可行性和具体性。制定制度时既要符合行业标准，又要符合公司的具体情况，保证只要员工努力就能做到；另外制度要明确规定，一件事怎么做，该谁去做，做到什么程度为止，犯了错误要承担什么责任，有了标准才能保证制度的严格执行。

02　将策略转化成可执行的目标

同样的事情用不同的方法去做，结果和效率是不一样的。执行是实现目标的过程与行动，执行力是执行的力度与能力，执行中采用什么样的方法，对工作力度与工作能力的影响极大。方法恰当，可以达到事半功倍的效果；方法不对，就会事倍功半，影响和制约着执行力的发挥。要想提升执行力，必须掌握高效执行的方法。

战术就好像一座桥梁，它是战略和策略联系的纽带，也是将策略运送到组织执行层面上去的桥梁，战术在战略、策略、执行三者之间穿梭和往返，通过战术，战略得以转化为策略，策略得以正常执行。如果没有战术，战略、策略、执行三者就各在一端，无法取得联系。

战术的关键主要包括三个方面，即：将策略转化成实际可行的执行目标，全面权衡各项方案，并有效运用各项资源。战术必须发展出一个确定、实际可行，而且可衡量的执行目标，由此目标驱动组织各项活动的执行；最关键的战术活动是决定资源配置、时间进程，并加快实际状况，让拟定战术的人了解。

制定战术的步骤：

第一步，将各项策略规划转化成执行者可以理解的语言。

第二步，指导并支持日常的执行活动。

第三步，监督并控制日常的执行活动，以便及时迅速地发现差异。

第四步，定期向策略单位报告影响组织中长期目标的各项事物进展，并对组织的策略性思考提供回馈。

有效的战术还需要良好的管理，如何对战术进行管理呢？下面我们介绍一下战术管理的主要方法。

1．风险管理

即找出并确认执行过程中的各种障碍，确定它们的影响与冲击，并决定如何处理。风险管理需要策略的制定者和策略的执行者一起参与，让组织对此能够架构一个方法，来确定各项行动的优先顺序。

对于大公司和大项目来讲，风险管理的有效方法是邀请策略层面、运营层面和企业外部人员及专家共同参与，这样便于掌握各项风险全貌，也为与会的每一位成员拓展思考的范围。观察风险发展的会议必须定期举行，借此协助组织对风险进行分析，为管理者提供相当有用的即时情报。

2．应变规划

即全面考虑外部环境和竞争者所有可能的变化或行动，做好应变准备。根据外部环境或竞争者可能发生的各种变化，然后制定周密的应变计划。有了周密的应变计划，组织成员的信心将大增，面对千变万化的市场形势，他们可以很快做出反应，顺利达成自己设定的目标并保持领先地位。

3．意见管理

即听取组织各层级的意见，发现隐藏在组织内的各种知识、想法，并将这些意见、知识、想法运用到各项行动方案之中。通过意见管理，可以增进组织各部门对策略和运营的理解，从而将策略与运营有效地结合起来，保证策略得到良好的执行。

03　企业需要善于执行的员工

通用电气公司首席执行官杰克·韦尔奇说："我们所能做的事就是用我们所挑选的人打赌。因此，我的全部工作就是挑准人。"他不是在开玩笑，韦尔奇亲自对谋求通用电气公司500个最高职位的人进行了面谈。在全球最受赞赏的公司的主管中，能做到这一步的几乎没有第二人。

经调查发现：只要有效地利用核心员工，对他们进行充分授权后，激励他们发挥潜力去实现企业目标，他们完全可以长期高效地为企业创造更多的价值。一个优秀的企业高层领导者，必然会根据不同人的特点，有计划地培养企业的中层执行者，把企业文化落实到每一个中层执行者的行为中去。

让员工具备强大的执行能力，企业才能成功。作为企业管理者，注重培养下属的能力是一项基本的、重要的工作。企业管理者最为重要的职责就是要将下属训练成狮子，将团队变成狮子群，而不需要将自己变成狮子。

有这样一个案例：某航空公司承接了一份短程往返航班的分包合同，就是把乘客从主航线机场运送到地区内的其他小机场。执行这份合同对于这家航空公司来说，并不是什么难事，它有足够的实力完成得很出色。

但是，结果却事与愿违。尽管这家分包公司的员工懂礼貌、勤奋，工作效率也很高，但是自从该航班开始运行起从未按时到达，更糟的是几乎不断地取消航班，使得乘客总是迟到数小时，有时甚至迟到一天，经常耽误重要活动和会议，乘客的怨言很大，越来越多人放弃乘坐，改换其他航班。最后，由于运营效益太差，短程往返航班服务合同被上级合作单位收回，公司随之倒闭。

作为服务型企业，航空公司员工素质和工作能力决定着企业的生死。后来，这家公司的老板在反省经营问题时，他把“没有注重员工能力的培养”当作是失败的第一大原因。其实，对任何公司而言都是一样的。从这个案例中我们得到的警示是：只要员工能力差就会危及整个公司满足顾客需要的能力，从而使企业失去生存的条件和基础。作为企业管理者，有责任不断增强企业利润链中的第一环——员工的执行能力。这是企业成功运营的基础。

只有短视的企业家才将促进员工成长当作是公司最大的浪费，而那些目光长远的企业家总是能够在员工的能力成长上获得丰厚的回报。虽然企业可能成为一所临时学校，员工流失率非常高，但是，培养新员工的职业技能，使员工具有竞争能力，这是企业获得高速发展的不二选择。

04 执行三要素：布置、检查、落实

IBM公司总裁郭士纳曾说：“人们不会做你希望的，只会做你检查的；你强调什么，你就检查什么，你不检查就等于不重视。”如果没有检查，再有自觉性的人也会变得倦堕。人天生是需要被监督的，没有监督是滋生懒惰的温床。很多企业都存在这样一个温床：安排布置的多，检查落实的少；口头要求的多，实际落实的少；表面严格的多，具体过硬的少。检查的随意性成了“表面文章”的典型代表。这样流于形式，或者干脆连形式都没有的管理方式，等于无效管理，也不可能会有落实力和执行力。

布置下去了不等于落实，不检查势必会给人以不重视的感觉，检查是一堵“防火墙”，检查的过程既是揭露问题的过程，也是修正错误的过程。只有对需要重视的东西做全方位的检查，才能将执行不折不扣地落到实处。

作为房地产界的老大，万科的执行力首先就来自于高层对执行力的检查态度。在进行流程讨论的过程中，无论是深圳万科还是北京、沈阳万科，公司的总经理、副总经理几乎每次都亲自参加并亲自对流程和文件进行确认，各部门经理对每个相关的流程需要亲自讲解和说明。几位总经理还全程参加了一些主要的课程并参加考试。在深圳万科，

当第一次审核发现有一些操作未按照文件要求执行时，总经理会迅速要求对文件的所有相关内容进行再次组织培训，组织对所有人员相关文件和执行要求的考试并要求员工逐一过关，公司包括总经理在内的所有高层也都与员工一起参加考试。

在万科，如果有人不按照文件执行，任何人都可以拒绝后续的工作。一位总经理曾经事先口头同意某材料的采购，但由于没有执行采购流程中需要进行评估的要求，因而工程总监拒绝在采购审批单上签字。深圳万科设立了专门的品质管理岗，持续地对管理体系的执行情况进行审核，管理体系文件已经被修改了多次，在日常执行过程中，一旦体系出现问题就进行改进，而在其他公司，很多体系只是一个摆设，根本没有人维护。

万科对项目的管理监控能力也确保了执行的深度。每个项目及非项目部门都需要制订月度工作计划并将计划按照重要程度划分成两类，按照目标管理的方法制定一级和二级管理目标，对计划的执行过程和效果由工程部门进行跟踪和监控，其执行效果与部门及员工的绩效挂钩，按计划、目标、执行、跟踪、检查、评估、改进、循环改进并与激励体系挂钩的管理模式使执行的目标清晰、过程有序、结果受控。员工对执行的理解要到位，即严格高效地按照流程和文件的要求执行，并达到目标的要求。每项工作都要达到最好的结果。在万科哪怕是提出很小的改进建议，也能很快地得到实质性的改进，这是常态。有人曾经不经意地提出一份关于工程检查表和设计评审表的建议，第二天相关人员就重新设计了表格并做出了评价。

深圳万科几乎每项管理活动都采用了相关软件，如成本管理、顾客投诉、资产管理、人力资源管理、文件控制、内部审核等这些软件。虽然投入不多，但对提高运作效率和监督质量产生了重要作用，而且

这些软件的使用都达到了预期的效果。像文件控制、内部审核软件是技术性较高的软件，很多公司都没有完全地使用，但深圳万科不但使用得非常好，而且向软件公司提供了更多有用的修改建议。

正是这些完备的检查程序，确保了万科的文件下达不走样，造就了万科优良的执行力——万科在战略、策略的执行力。

人们往往有一个误区：只要方案好，其他问题就不用多考虑了。试问：把一个好的方案放在抽屉里，它会自动生效吗？答案显然是：不能，它必须借助于不折不扣的落实。布置不等于完成，领导布置下去的任务，下属不一定立即就去落实，不一定就能保质保量地落实到位，要不怎么会有“上有政策，下有对策”的说法呢？这就需要领导在布置了任务之后继续跟进，监督落实。再者，布置完成以后，落实者未必就能立刻弄清执行的意图、要点、方法、步骤、技巧等，这还需要一个过程，较为复杂的落实更需要示范、演练、指导等。真正到了落实的时候，会遇到什么障碍，该如何去解决等还是未知因素。这些东西都是在检查过程中必须及时给予解决和纠正的。

05　对准则的共识是保障执行效果之根本

制度对执行而言非常重要。制度具有约束的功能，如果没有制度的制约，行为会偏离正道。要想获得高效的执行力，就要为执行建立准则。否则提高执行力就成为了空谈。

海尔从创立开始就非常强调“准则”，它从一开始就一直强调用严格严密的规章制度对每一工序、每一环节予以有效控制，并把每一个要求具体落到实处。无论是OEC管理、PDCA管理，还是针对海尔人员工作所订立的6S标准，无不显露着严格的制度约束。

海尔的员工在工作时必须保持饱满的精神状态，不允许偷懒，更不可能干工作以外的事情。员工很少有迟到的，有的员工如果未能赶上班车，便会毫不犹豫地“打的”赶去，因为如果不及时赶到，便是违反了规章，在当月的工资中就立刻会有体现，甚至会影响到年终奖金。

任何刚刚接触海尔的人，都会对海尔严格的制度留下深刻的印象。海尔空调总公司的一位干部讲起他被收编时对海尔的初步印象：“1991年12月20日那天，海尔集团成立大会在黄海饭店召开……当时，我还有一个很深的印象，就是冰箱厂的部分代表也来到了会场，他们身穿有青岛海尔字样的工作服，整齐地坐在会场里，就像军人开会。这形象，我们以前从没见过，当时就留下了很好的印象。”

曾经有这样一个事情震惊了海尔上下：原冰箱二厂厂长在广州出差，手下一员工上班打瞌睡，张瑞敏抓住这件事加倍处罚了他。张瑞敏认为，他的事反映了当时干部中一种普遍的思想倾向——觉得企业发达了，日子好过了，多少有些骄傲自满的情绪。干部这样的风气滋生下去会很危险，抓住这种带趋向性的“小事”开刀，才能给全体干部职工一个警示。

很多令企业管理者头疼的事情，在这样严明的制度下轻松地就解决了。强化准则和制度，不仅使员工知道哪些是允许的，哪些是被禁止的，还能提升员工的工作效率，从而最大限度地保证海尔的执行力。

准则是执行之本，能够为执行保驾护航。但是在实际工作中，如果制度的设立和强化不够科学，将会带来负向的力量。很多管理者的困惑是，当企业内部出台了一个制度或提出一个发展目标时，他们时常会发现制度并不能得到很好的执行，或者落实起来大打折扣。出现这种现象有两个方面的原因：一是企业制度不合理，二是企业制度不具有可操作性。

除了奖赏性制度和激励性制度以外，任何一项制度的出台都意味着对组织成员的行为又多了一些限制。如果一个企业的制度不合理，那么组织成员必然会对这些制度产生怨言——何况他们本身并不希望对他们有所限制的制度的出台。如果组织成员产生怨言，执行动力就会不足，甚至会产生抵触情绪。另外，如果制度的可操作性差，这些制度就有可能因为难以实践而被束之高阁，制度本身也就失去了制定的意义。

管理者要想建立起合理的制度，应该注意两方面的问题：一是要正确对待制度与职责的区别——职责是组织成员应该具有的行为，而制度则不仅要求员工应该具有什么样的行为，还会对不作为做出处罚的决定；二是要认真考虑组织成员的期望——很多企业管理者会把制度传达的意愿单一地看作是企业高层人士的意愿，其实任何合理的制度，不仅反映了企业高层的观点，还符合绝大多数组织成员的期望。

合理性是制度存在的基础，而可操作性则是制度能否被执行的关键。管理者要想建立可操作性强的制度，应该注意三方面的问题：一是要制定出制度落实的程序——制度的落实，需要一套实施程序，否则组织成员在制度的执行上会束手无策；二是要确保制度及实施程序的表述足够清晰、简洁、易懂，能够使员工轻松理解；三是要保持实施程序的稳定性——不要反复制定实施程序和轻易制定实施程序，制度及实施程序一旦被确立，就需要坚持一段时间，否则反复制定和朝令夕改会使组织成员疲于应付。

06 员工缺乏执行力，企业丧失竞争力

所谓企业的执行力，就是企业组织完成任务的能力。执行力就是一种决胜力，一种决定胜负的力量。执行力的好坏，可以决定一个企业的命运。

执行力普遍低下的情况下，谁有执行力谁就有竞争力。员工的执行力是企业发展源源不竭的动力。从某种意义上说，员工缺乏执行力，企业就会丧失竞争力。

鸿海集团曾有个客户在美国芝加哥。当初鸿海集团的竞争对手交不出货，于是这家公司就叫鸿海集团开发。结果出现一些材料无法适应芝加哥寒冷天气的状况。郭台铭亲自带领员工赶到美国，才发现连接器必须做零下 50 度的测试。那是 20 世纪 80 年代，天气非常冷，冬天零下 20 多度。

当初设计时，郭台铭对美国湿冷的天气没有感受，没有进行环境温差试验。但是，郭台铭什么都接、什么都包，员工自己提了皮包就过去了，连夜赶着对产品做检查，把全部有问题的货从生产线上挑出来。然后几乎是把客人挑剔的货重新生产，再空运去美国。当时郭台铭下定决心，即使赔钱也得让客人换货。

鸿海集团在美国的员工负责帮客人找到问题，解决问题，把货换

过来；在台湾的所有团队就24小时不眠不休地“接力赛”，加班加点。结果是3天内生产线没有停工，两个星期之内把货全部换好，满足了客户的要求。

只有好的策略、好的方向，是不够的，必须还具有超强的执行力。

执行力是当前每个企业面临的突出问题，是构成企业竞争力的基本因素。再好的战略也离不开优秀的执行力，再顶尖的企业也要保持强大的执行力，否则企业将在市场的竞争中走向衰落。在当今时代，企业的生命在于效率，而效率的产生在于执行。执行力已成为当今企业效率之源、成功之本。

执行力是企业立于不败之地的行动指南，也是员工在激烈竞争中胜出的法宝。将执行落到实处，应该谨遵“快、准、细、严、实”的工作五字决。

1．快

“快”，即培养雷厉风行的工作作风，以高涨的工作热情，快节奏、高效率地干好每一项工作，严禁办事拖拉。

2．准

“准”，即培养一丝不苟的工作作风，是认真负责的精神体现，是保证工作质量的关键。

3．细

“细”，即培养周密细致的工作作风，这就要求员工要有不厌其烦的韧劲。

4．严

“严”，对自己时刻保持严谨的工作态度和严肃的工作作风，端正自己的工作态度和作风，坚持严格管理。

5．实

“实”，即培养求真务实的工作作风。出实招、说实话、办实事，在任何情况下都不弄虚作假。说老实话，办老实事，做老实人。

在工作中时刻以“快、准、细、严、实”来要求自己，并运用到实践中，秉承一种坚持的信念，经受得起问题和困难的考验，执行的诀窍就已经被你掌握了。

07　落实不力是企业最大的伤害

在企业中，有些看似雄心勃勃的计划总是一败涂地，有些好的决策总是一而再、再而三地付之东流，刚刚做好、做大的生意，贯彻就出现了问题，付出比计划多了10倍，结果却不到计划收益的1/10，这是为什么呢？

——落实不力！

企业要想在市场中站稳脚跟，在竞争中立于不败之地，关键就是增强自己的落实力。

新墨西哥州的一场雷电，致使飞利浦公司第22号芯片厂发生了一场火灾，能够生产数千个手机的8拍晶元被烧毁，燃烧的烟尘落到了要求非常严格的净化间，正在准备生产的数百万个芯片也被烟灰破坏。

当时，诺基亚和爱立信都是飞利浦公司晶片生产厂的客户。在火灾发生后，飞利浦几乎是同时告知了诺基亚和爱立信这个消息。但是，面对火灾，爱立信的管理层都没有把它当作一项紧急事件去处理。管理者认为，这不过是一场简单的火灾，不需要太过费心地去处理，只是简单地采取了一些措施。当他们发现手机生产中关键零件供应不足时，已经晚了。原来早在20世纪90年代中期，爱立信为了节省成本简化了供应链，基本没有后备供应商。于是，在市场需求最旺盛的时候，

爱立信却因为缺乏数百万个芯片，导致一款非常重要的新型手机无法正常推出，结果企业的市场份额被人占领，爱立信只得退出移动电话生产市场。

企业落实不力对公司战略的实施影响有多大，由此可见一斑。而这样的落实力不强的情况远不仅存在于爱立信公司的个案中。落实力低下是企业管理中最大的漏洞，再好的策略也只有成功落实后才能够显示出其价值。

企业的员工，应该是一个有执行力的人，要成为一个有执行力的人，做事的时候应从以下几方面入手：

1．把执行想透彻

柳传志说："在制定战略的时候，一边制定战略一边把怎么样去执行想透彻再做决定，这样不仅战略措施每一步都经过了慎重的思考，执行的时候也会更方便、更坚决。"

2．坚决执行

杨元庆在谈及重归CEO位置以及他自身与联想业务的变化时坦言："心态的变化就是现在得基于每天运营的工作。全力以赴了，在战略清楚的前提下我们很坚决地去执行、去落实，整个公司就都能看到和听到变革的脚步声。"

3．执行到位

柳传志表示："业绩证明了既定战略是正确的，并且执行到位。联想集团董事会对这个季度的业绩表现是满意的，营业额利润、市场份额的表现都符合预定的要求，这些表现和进步都是执行了预定战略的结果。"

08 执行力是不可复制的竞争优势

很多企业的经营理念和战略大致相同，但绩效却大不相同，道理何在？关键在于执行力！在激烈的市场竞争中，执行力已构成企业管理中最重要的组成部分，对一个企业的发展起着至关重要的作用，它将是决定企业发展的重要保障，可以说，没有执行力就没有竞争力；没有执行力就没有凝聚力；没有执行力就没有创造力；没有执行力企业就没有持续发展的空间。执行力是企业良好运营的保证，是所有员工的工作指南针。一个企业生存和发展的关键在于执行力是否到位，因为要完成企业的最终目标，就要靠执行把企业发展蓝图变成现实。因此执行力是以结果为导向的重要载体，是企业发展的内在动因，也是企业不可复制的竞争优势。

众所周知，日本的东芝电器公司是全球著名的跨国企业，殊不知它是在土光敏夫重建下才得以发展的。

20 世纪 60 年代，东芝公司在执行上出现了一系列的病症：销售渠道不畅通、产品积压过多导致资金周转不灵，管理懈怠、组织散漫、奢侈浪费现象严重，官僚主义的管理方式逐渐蔓延。这些病症使东芝公司 1965 年的利润从上半年的 33 亿日元下滑到下半年的 10 亿日元，股票红利也不断下跌，从 1964 年的 10% 每半年下跌为 8%、6%，曾辉

煌一时的东芝公司开始陷入风雨飘摇之中。

最后，东芝公司将拯救企业、重铸辉煌的重任交给了土光敏夫。土光敏夫一眼就洞穿了东芝公司执行力缺失的根源，他在就任演说中说道：“现在公司把拯救东芝的重任交给了我，我不是全能的菩萨。东芝的成败，在于众人的努力。”

土光敏夫首先以制止公司的铺张浪费行为作为切入点采取了一系列的变革措施。在土光敏夫的带领下，东芝公司一改懒散、官僚主义的风气，开始变得严谨和负责，在决策执行上没有谁再马马虎虎。东芝公司最后转危为安，1966 年上半年，销售金额达到 1200 亿日元，1969 年，公司利润激增到 102 亿日元。

执行力缺失才是导致公司失败的关键原因。土光敏夫对其懒散懈怠的组织进行重大的变革，把公司的执行力上升到战略高度，才得以重振东芝。

执行力是企业走向成功的必备能力之一，更是一种思维方式、行为习惯和企业生存态度。对于企业来说，要想在市场中站稳脚跟，要想在竞争中占有自己的领地，最重要的不是有多么远大的目标，而是向着企业的目标立即行动起来。这种“行动起来”就是执行的能力。只有具备执行力，才能把优秀的战略变为现实，也才能具有不可复制的竞争优势。

执行力是企业的不可复制的竞争优势，所以只有执行到位，才能获得完美的结果。执行到位，要注意以下两点：

1．完美才是执行的最高标准

要想把任务落实到最好，你的心中必须有一个很高的标准，不能是一般的标准。在做决定前，要进行周密的调查论证，广泛地征求意见，尽量把可能发生的情况考虑进去，尽可能避免出现 1% 的漏洞，直至达到预期效果。苛求细节，完美的管理才能造就完美的落实，唯有圆满，才是执行的最高境界。

2. 在实践中培养执行力

在同等资历下，企业要成为强者，必须具有超越竞争对手的内在能力，也就是竞争力。这种内在能力的培养，只有在认真抓落实中才能形成。一个人，要在强者如林的现代社会中成为佼佼者，必须具备超越众人的内在功力。内在功力的形成，是在不断的学习实践中培养出来的，学习实践的过程实际上是一个执行的过程。

第六章

执行就是走流程，流程确保执行

01　严格按企业制度办事

军队是最典型的依靠严密的制度与严格的纪律运行的高度集中化的组织，西点军校便是其一。从西点毕业的学员都对西点的规章制度印象深刻。他们认为是西点的制度造就了西点，或干脆认为制度是整个体系的核心。规章制度在西点确实举足轻重。

对于企业来说，制度是实现组织目标的必要条件，在制度建设中要坚持这样的要求："有制度，就要坚决执行制度；制度不合理要先执行再完善；没有制度就要建立制度再执行。"

谷振明是一家网络公司的技术总监。由于公司发展方向改变了，他觉得这家公司不再适合自己，于是决定换一份工作。以谷振明的资历和在IT行业的影响，加上原公司的实力，找份工作并不是件困难的事情。有很多家企业早就盯上他了，以前曾试图挖走他，都没成功。

这一次，谷振明自己想离开，很多公司都提出了令人心动的条件，但是在优厚条件的背后总是隐藏着一些东西。他知道这是为什么，但是他不能因为优厚的条件就背弃自己一贯的原则。谷振明拒绝了很多家公司对他的邀请。最终，他决定到一家大型的企业去应聘技术总监，这家企业在全国乃至世界都相当有影响，很多IT业人士都希望能到这家公司来工作。

给谷振明进行面试的是该企业的人力资源部主管和负责技术方面工作的副总裁。对谷振明的专业能力他们无可挑剔，但是他们提到了一个使谷振明很失望的问题。

“我们很欢迎你到我们公司来工作,你的能力和资历都非常不错。我听说你以前所在的公司正在着手开发一个新的适用于大型企业的财务应用软件，据说你提了很多非常有价值的建议，我们公司也在策划这方面的工作，能否透露一些你原来公司的情况，你知道这对我们很重要，而且这也是我们看中你的一个原因。请原谅我说得这么直白。”副总裁说。

“你们问我的这个问题很令我失望，看来市场竞争的确需要一些非正常的手段。不过，我也要令你们失望了。我必须遵守原来企业‘不得泄露公司机密’的规章制度，即使我已经离开，到任何时候我都必须这么做。与获得一份工作相比,忠于公司、严守制度对我而言更重要。”谷振明说完就走了。

没过几天，他收到了来自这家公司的一封信。信上写着：“你被录用了，不仅仅因为你的专业能力，还因为你忠于公司、严守制度的精神。”

制度面前，人人平等。公司的每个人都应该毫无条件地遵守公司的规章制度。严守公司机密，不仅是一个人遵守公司制度的表现，更是高尚品质的体现。一个不尊重企业制度、不遵守企业纪律的人，不可能是一个有团队精神的人，也不可能是对企业负责的具有高效执行力的员工。目无制度、不守纪律者的言行不仅会害了企业，还会给他人、给社会带来严重的影响。

一个企业一定要培养员工的规则意识，严格遵守企业的规章制度，把企业的规章制度落实到位。

遵守规章制度是企业正常运行的基本保障，规范操作则是提高企业员工执行力及组织运行效率的根本手段。我们一定要做到以下两点：

1．不允许的绝不做

现代企业管理，从根本上说就是制度管理，在一个成熟的企业里制度既是办事的标准，又是管人的准则。正所谓“没有规矩，不成方圆”。每一个企业都是依靠合理的制度和运营机制来规范员工行为，确定明确的岗位条例，让大家知道哪些事能做，哪些事不能做；应该做什么，怎么做，又怎么能做好。企业管理制度不允许的事情，无论是员工还是领导绝不要做。

2．按制度执行

我们缺的往往不是制度，而是制度的执行力。打了卡然后去吃早餐；晚上打了加班卡之后回去睡觉；借着工作的名义办理私人的事情；顶着公司的制度做一些违章违纪的事情……这都是不允许的事情。

02　量化标准，让工作更具可操作性

单说执行到位，这只是一个大的纲领。那么，具体怎么执行才能到位？不要总说应该怎么办，而要表明到底怎么办。这个“怎么办”指的就是操作性。执行方案的可操作性问题，是执行力提高的关键。

海尔的员工手册中将包括如何与人握手、如何递名片、如何掌握工作基本操作手段等都详细列了出来。这样一来，就将操作性落实得极为具体。

“手册”中让人印象最深刻的是“个人必须每天反省的四个内容”：

（一）为用户增值在哪里？

（二）为企业增值在哪里？

（三）个人增值在哪里？

（四）应该警示和避免的问题。

(1) 工作中的自以为是。我们现在已经比别人好了，出点问题是不可避免的；部下已做好，现在没问题了；这件事我已经通报处罚了，问题已经解决了；这个是某某提供的，他是我部门专门负责此事的人，数据肯定不会错。

(2) 工作中敷衍了事。我已经给部下安排好了；我现在非常忙，没时间去管这件事；这个问题是某某负责的，我不清楚；这个问题部下已经向我汇报了；现在制度这样规定，我只能这样做；安排了，不等于听明白了，不等于记住了，不等于懂了，不等于认同了，不等于做了，不等于做对了，不等于习惯了，不等于落实到体系上了，不等于做好了，不等于成为SBU（战略业务单元，海尔要求每个人都要好好把握自己、经营自己，成为创新的、自主经营的SBU）。

简洁明了的操作步骤，能够让人清楚明白，执行起来得心应手。可见，海尔的执行之所以做得如此好，和他们强调操作性密切相关。

在很多公司的管理中，领导会强调，用简单的管理规章、一看就比较明了的内容、篇幅不要太长的形式来进行有效管理。从理论上说，这种管理制度是所有企业一直在追求的管理规章制度。为什么呢？一看就明白，就是提高效率；篇幅少就可以减少学习时间。当量和质都达到了这个要求时，似乎是方案的最佳状态了。但是这种管理思想一般缺乏可操作性。理论上比较美妙的东西，执行起来往往难度很大。

简单的操作步骤，执行起来更能让人得心应手。操作性越强，执行也越容易到位。对此我们应该做到：

第一，尽可能用简单明了的语言，单句文字尽量控制在8个字以内。

第二，在面对原则性的条款时，要有解释，对原则性的范围进行相应的阐释。对有歧义的文字坚决不用，若非用不可，应将自己要表达的意义阐释清楚；对于一些专业术语用口语化的语言进行解释。

第三，方案的篇幅尽可能地长些。这个长并非为了长而长，而是对于一些细节、可能出现的危机、应对危机的解决方法、理解偏差造成的损失以及对于各条例使用的范围和期限进行必要的说明和解释。

第四，在成熟型企业的管理中，最大的问题是风险控制。降低内部效率损失，降低歧义和解释不清带来的经济效益损失，避免成为日后

风险的集中地。

第五，对于下发的每一个命令都需要进行相应的培训和必要的阐述。对新进员工，宁可多花两天时间进行公司条款的详细培训，也不能仅仅告知其原则性问题，而忽略概念阐释，否则就增加了执行出现偏差的风险。

03 学会统筹，让工作系统化和程序化

有人说，一家企业应该有两本书：一是红皮书，称为战略；二是蓝皮书，即战术，就是标准作业程序。战略是作战指导纲领，虽可以大而全、高而玄，但战术一定要细化量化。战术如果发挥不出来，战略就不可能达到目的。通常战略是指导纲领，是一个框架，它的执行靠战术；而战术的每一个流程、支撑、动作、支持，都是一个细节，都需要去系统化和程序化。

不管我们把一件事情做得怎么样，是成功还是失败，都能从中学到东西，一个懂得学习的人会进行认真总结，一个杰出的企业会把做完的事系统化。

有一位老板发现，公司里有很多的新员工成长得特别快，往往经历一两个实际的项目后他们的技术熟练水平和效率就赶上甚至超过了很多有多年工作经验的老员工。于是，他留心观察和分析，把那些成长快的员工身上的特质与那些老员工比较。他发现，那些老员工，虽然工作多年，但是他们的工作效率还是很低，随意性比较强，因此，工作的过程中随机问题表现明显，各个环节之间的衔接空隙大，造成有的时候忙得四脚朝天，有的时候闲得百无聊赖。而那些成长快的新员工将每次遇到的工作加以分析总结，将工作处理的过程进行记录，

然后将工作系统化、程序化。在建立个人的工作系统之前，他们坚持三个原则：规范、认真和研究。

对于每一件小事都以认真的态度、规范的方法去研究它、做好它，把它形成系统，才有可能做出大事业来。

执行程序化告诉我们先做什么，后做什么，“有章可循，有条不紊”。这样看上去有些死板，但对于执行来说却是很有效的。

今天的世界是思想家、计划家的世界。只有深长而有系统的思想家，才能订立计划，而有力量执行的计划家，才能成功。头脑不清楚，办事无方法的人没有立足的余地。学会系统化、程序化地工作，才能让你忙而不乱，做事规范、有条理，才能力保每个环节都不出问题，环环紧扣、有条不紊，有层次、高质量地完成工作。

企业都将程序化作为强化操作的一个重要手段。优秀的执行者往往都有一个共同的体会，就是有计划永远比没计划好，切实可行的计划永远比不切实际的计划好。因为这样可以使他们的工作系统化。使工作系统化的方法如下：

1．拟定工作

西奥多·罗斯福总统是一个效率很高的人。他时时把他该做的事都记下来，然后拟定一个计划表，规定自己在某时间内做某事。如此，他便按时做各项事。通过他的办公日程表可以看出，从上午 9 点与夫人在白宫草坪上散步起，至晚上招待客人吃饭为止，整整一天他总是有事做的。当该睡觉的时候，因为该做的事都做了，所以他能完全丢弃心中的一切忧虑和思考，放心地去睡觉。

信任自己的系统，细心计划自己的工作，这是罗斯福之所以办事有效的秘诀。每当一项工作来临时，他便先计划需要多少时间，然后将其安插在他的日程表里。由于他能够把重要的事很早地安插在他的办事程序表里，所以他每天都能够把许多事在预定的时间之内做完。

2. 善于策划

善于策划者，会高效地达到自己的工作目的。正如常言：思路畅通，谋事如下棋。在计划中行事，一切尽在掌握之中，才能想出较多的点子，提出非同凡响的主张，做出不同寻常的成就。

04　跟踪流程，堵住执行环节中的漏洞

执行要到位，仅靠自觉是不可能的，靠挂在墙上的制度也是远远不够的，必须要有强有力的跟进、检查与监督。没有人会十分在意没有人去强调和检查的东西，因为你不检查就代表不重视它，就代表它可有可无。既然如此，谁还会把时间和精力花费在这种“可有可无”的事情上呢？如果你想保证多项工作都得到切实的执行，唯一的办法就是不断跟进、检查与监督。

在荣事达生产车间，总能看到这样一个身影，高高的个子，白净的皮肤，戴着一副蓝框的眼镜，透着一股斯文气，怎么看也难以将他和生产工人对上号。

这个人叫张海滨，是荣事达新能源公司的品质部经理。他的办公室在车间隔壁那栋办公楼的三层，但他每天一半以上的时间都在车间，戴着安全帽，和工人一起讨论、一起工作。有时工人开他的玩笑，说他是全公司唯一一个不坐班的经理。他听到这种变相的夸奖，总会笑着说：“那都是被逼的，产品的质量就是我的命根子啊！”

2006 年 7 月，他负责进行“减少电池厚度”的项目，这又将是电池能源领域的一项突破，所以，对于质量的要求极其严格。他一刻也不敢放松，不断察看操作工人对涂布工序的操作情况，并时时提出指导意见。一会儿指出这块涂布面密度太大了，会影响电流的传导；一会儿又指出那块密度太小了，会影响电池的寿命。有时，他还会亲自操作，为工人做示范。在他手下干活的工人，都有一个感受：不把活干到100%完美，这个经理是不会罢休的。

就这样，在张海滨严格的督导下，涂布工序的涂布面密度以及正负极配比完全达到了预期目标，彻底解决了成品电池的厚度问题，并在一定程度上提高了电池的电流稳定度。

这个项目结束后，公司领导说要为他开个小型庆功会，却被他婉拒了："以后再说吧，现在手上还有别的任务。"说完，又拿起他的安全帽进车间了。

任何组织和个人，要想执行到位、落实有实效，就必须重视流程的作用。如果流程出现漏洞，执行工作就无法到位，落实实效就无从谈起。许多工作执行不到位，就是由流程环节的漏洞造成的。

跟踪流程的一个重要目的就是及时发现和解决问题，确保执行结果的实现。在实际工作中，执行总会遇到大大小小的问题，如果没有及时跟踪执行情况，就很难从根本上解决问题。

因此，应该要有一套具体而详尽的日常实施计划，把执行目标与日程捆绑在一起。如在每日之末、每周之末、每月之末、每季之末、每年之末五个时间段，将目标转化到具体实施的时间表的细节上，同时加强对每个时间段的跟踪检查，按制定的工作标准进行考核，发现问题及时采取措施加以解决。

堵住执行环节的漏洞，有效的监督必不可少。企业要实现有效监督，可以从以下两方面着手：

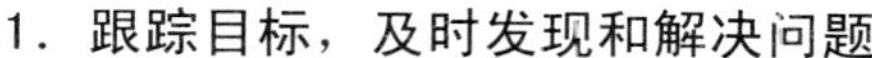

1. 跟踪目标，及时发现和解决问题

在实际工作中，我们发现许多组织，既有明确的目标，人员也没有问题，然而却没有达到目标，主要原因是管理者没有像这位执行长一样及时对目标落实情况进行跟踪。

2. 要做到不断跟进、检查与监督

列宁说："信任固然好，监督更重要。"要做到不断跟进、检查与监督，首先要明确实施监督的目的——考核还是提高效率；然后，要对被监督的人员进行工作分析——确定考核的内容；接着，要确定组织内部的监督结构——明确报告对象以及监督权；还要制定并贯彻奖惩条例——设定标准；最后，适当做出调整——完善监督体系，减少执行误差。只有把这些检查工作做到位，才能跟进到位，监督到位，保证执行到位。

05　不折不扣，每个流程做足 100 分

任何组织或个人，要想执行到位，就必须做足流程。如果没有做足流程，就算制定出再好的流程，执行也无法到位，也就做不出完美的业绩。

海尔集团首席执行官张瑞敏说过："中国人做事最大的毛病就是不认真，做事不到位，每天工作欠缺一点，天长日久就成为火候的顽症。"

工作流程中的每个环节都是工作的重中之重，都不可以省略。在这方面，麦当劳堪称典范。它不但为每个工作环节制定了准确的执行标准，而且将标准细化到了数字中。

麦当劳对汉堡的每一种原料都有精细的要求。对于生菜来说，从源头步骤选土开始，详细记录地段和土壤的资料，所有种植地周边一公里内必须无工业"三废"污染源，无养殖场、化工厂、矿山、医院、垃圾场，与生活区的隔离须超过 20 米，土壤和水中的重金属和微生物不能超过国家绿 A 标准。从生菜播种开始进行全程监控，之后的种植、灌溉、施肥、防虫也要一一记录，将污染降至最低的同时，还可以及时解决问题，倘若生菜出现了问题，就可以在最短的时间内有效地找到每一片生菜的来源并予以解决。

面包不圆或切口不平都不用，奶浆接货温度要在 4℃ 以下，高一

度就退货。一片小小的牛肉饼要经过40多项质量控制检查。任何原料都有保存期，生菜从冷藏库拿到配料台上只有两小时的保鲜期，过时就扔掉。生产过程采用电脑操作和标准操作。制作好的成品和时间牌一起放到成品保温槽中，炸薯条超过7分钟、汉堡超过19分钟，就要毫不吝惜地扔掉。

正是麦当劳对食品的加工流程有如此严格、完整、细致的要求，才使得拥有数千家连锁店的麦当劳运转自如，获得了巨大的成功，在给公司带来巨额利润的同时，也巩固了企业的国际形象。

执行流程是影响执行操作性中的一大关键因素。优秀的执行流程可以缩短执行的时间，简化执行的环节，减少执行中的摩擦，提高执行的速度和效率。一个简化、出色的执行流程的意义就在于此。

不折不扣，做足每一个流程，并不是按部就班地盲目去做，而是科学化地去做。方法如下：

1．设计清晰简明的执行流程

流程如何设计，与工作的效率和执行力有很大的关系，流程清晰简明，工作的效率就高，执行力就强；流程复杂烦琐，工作的效率就低，执行力就差。比如一项重大决策，一家流程清晰简明的组织可能只需要10天就可做出决定，而一家流程复杂烦琐的组织可能需要半年甚至更长的时间；又比如处理一份重要文件，一家流程清晰简明的组织可能只需要3天就可以做出反应，而一家流程复杂烦琐的组织可能需要10天甚至更长的时间才能做出反应。可见，流程的优劣严重地制约和影响着执行力的发挥。要想提高组织的执行力，必须以清晰简明为原则，设计合理的工作环节与衔接程序。

2. 流程量化

流程量化，就是制定流程的核心部分，是确保流程有效性的基本方法和必要环节。依据标准对执行的现状与未来期望进行量化，从而可以确定执行的时间、执行的速度、执行的成本、执行的收益等量化指标，这样便于执行的评估和考核。

3. 流程标准化

流程标准化是通过设计一个标准的流程，作为现状的判定标准，以达到改变现状和提高效率的目的，包括流程具体步骤的确定、步骤中采用的方式的确定等。这个标准并不是一成不变的，在运行一段时间以后，要对它进行有效性分析，并加以改进。流程标准化的好处在于便于按照标准开展工作，避免执行的盲目性，降低因没有标准而造成的执行力流失。

4. 优化流程

复杂的流程将严重地影响执行的速度和工作的效率。复杂的流程就像复杂的制度一样，只会成为行动和速度的负担和累赘。因此，组织必须简化流程，进行流程优化。流程优化的最终目标是机构调整、减员增效，使流程有利于快速行动。流程优化的基本方向是：

（1）工作内容由单纯性变为综合化。一些工作由原先几个人做变为一个人做，即将一个人做一项工作转变为一个人承担几项任务。任务合一有利于企业与外界，特别是与客户的接触更集中有效。

（2）减少不必要的控制与检查。新流程要精简结构，使原先被分割的活动联系得更紧密，撤销不必要的控制与检查的流程。

（3）新流程可以超越组织界限来完成工作。工作单位由职能部门变为流程工作小组，组织结构趋向扁平化。起上传下达作用的中层组织可以大幅精简。

06　目标高一点，行动快一点

20世纪90年代，一向顺风顺水的微软受到了市场的严重冲击，它需要一套真正能与主流规格接轨的操作系统，换句话说，一套基于Unix技术的操作系统。盖茨说，这是（微软的）新技术（New Technology），因此命名为NT。

NT的开发需要多久？专家说，难以预测。微软自己的开发人员说，以微软当时的技术水平及软件开发管理能力，NT的诞生之日遥遥无期。

但是，机会来了。当时电脑界仅次于IBM的二号巨人迪吉多（Digital）修改战略，部分人才人心浮动。盖茨从迪吉多挖来了一位Unix大师，给他的任务是以最快的速度开发出以Unix技术为核心的NT。不但要最快，还要最好。

面对这项“又要马儿跑，又要马儿不吃草”的无理要求，这位临危受命的NT开发负责人的第一反应是拒绝。经过几天的思考，他问自己：“如果吃好草才能跑得快，要我又有何用？”于是他对盖茨说：“我答应你做这项不可能的任务，但你不要管我用什么方法。”

他回到办公室，把所有正在开发NT的主要人员召集起来，问他们：“你们现在在用什么工具开发NT？”

大家都回答说，用的是微软过去已积累的语言工具及软件模块。他接着提出了一个关键问题：“我们就是因为微软过去的东西不行，才要开发NT，现在你们用不行的东西开发新东西，出来的结果一定不行。”

接下来他下令，让大家走回各自的办公室，把电脑中所有微软的工具都卸下来，他们自己重新开发工具，再用自己开发的工具来开发NT。

一般来说，新工具的开发需要严密的控制，否则会产生规格不合的问题。各人各自为政，意见就无法一致。

结果当然可想而知，各个软件才子天天吵得天翻地覆，但项目压力迫使每人无法再坚持自己的“地盘”与“价值观”，能力差的相继离职，剩下的人员多为能判断技术优劣的人以及能够忍受面子受损的人。他们知道，如果自己用“私有”的观点做东西，最终一定会被群狼攻击。

有一天，一名工作人员对这种现象做了一个总结，他做了一个大横幅，贴在办公大厅入口处。横幅上写的是：自己的屎自己吃！（Eat Your Own Shit！）

每隔一段时间的规格“碰头会”，逐渐变为每天一次的“见真章”。在软件开发术语上，这叫作每日构建(Daily Build)。前一天晚上8点截稿，夜班人员进场，将日班人员的成果构建成系统，第二天一早日班人员上班时，所有的规格冲突及“虫子”(bug)便已呈现在他们眼前。接着，辩论开始!

高压力下，人员的情绪开始发生变化，有人搬进了办公室，有人上班时必须把家里的狗带来，以安抚自己的神经。整个NT开发过程中，离职者不计其数，因此离婚的至少有8名员工。结果是，微软渡过了它历史上的第一次惊涛骇浪。但是，鲜有人知道这浪头有多险，就在预定的产品全球发布会的前4个礼拜，NT还有4000多个“showstopper”（4000多个足以让NT在执行过程中死机的“虫子”）！后来微软遇

到企业史上第二次灭顶之灾（Internet Java 的规格威胁）的时候，比尔·盖茨基本上用同样的方法渡过了难关。

管理学认为，大多数人有 70% 的潜能都是沉睡的。很多人认为一个人的才能来源于天赋，而实际上，一个人的成功并不完全依赖于他的天赋，更关键的是他总能比别人更加严厉地要求自己。为什么在微软，看似不可能完成的任务最终却做成了？就因为他们的员工都在用最快的速度、最好的质量严格地要求自己。

我们总是羡慕那些成功人士所获得的鲜花、掌声和财富，却常常忽略这些成功背后的艰辛。如果你也能像微软的员工一样愿意强迫自己去完成看似根本完成不了的任务，愿意在巨大的压力下去挑战自己的极限，可以肯定，有一天你会和成功碰面。

树立远大的目标，并以目标为执行的动力，积极快速地完成手头或者上级交代的任务，这才是一名优秀的员工应该具备的意识和能力。

07 优秀要靠自觉，强迫难成卓越

一个不自觉的人其执行效率会大打折扣，所有的外在强迫都无法让一个人从根本上摆正心态解决问题，只有自觉自律的人才能把工作做到优秀。

“冠生园”是中国的名牌老字号，它一向以质量上乘、诚信经营广受消费者好评。但就是顶着这样响当当的老字号的企业——南京冠生园食品企业，却在新闻媒体的一次“陈馅事件”的曝光中破产倒闭。

把过期的食品用料陈馅翻炒后，再制成月饼出售，这个行为在南京冠生园看来，并不是件多大的事。

在“陈馅事件”被媒体曝光后，企业的第一个反应就是“媒体害了企业”。面对公众和媒体对产品质量的强烈质疑，该企业先是辩称这种做法在行业内“非常普遍”，随后又匆忙发出了一份公开信继续狡辩，在所有的补救措施中，唯独没有向消费者做出任何形式的道歉。正是这没有任何忏悔之意的行为，不仅令消费者更加寒心，还进一步使企业自身的信誉丧失殆尽。

在企业破产倒闭后，企业依旧对媒体耿耿于怀：“好端端一个企业要不是媒体曝光，怎么会倒？”

其实冠生园之所以会这样，是因为他没有自觉生产优质产品的意

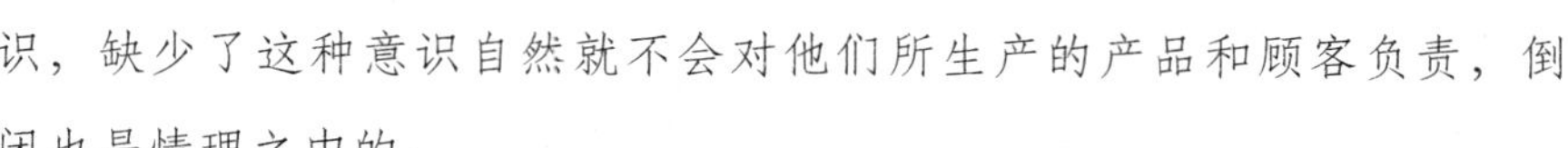

识，缺少了这种意识自然就不会对他们所生产的产品和顾客负责，倒闭也是情理之中的。

冠生园抛弃了自觉对社会负责的意识，对员工也是一个极大的误导。企业破产倒闭后，冠生园公司的经理、员工也将企业破产的原因归咎于媒体曝光，丝毫没有意识到个人自觉意识的懈怠。

社会责任缺失，企业就不会有高度自觉的理性市场竞争理念，员工在一个不和谐的氛围中工作，导致不能培育员工合作共赢的思维；企业社会责任缺失，企业就不会有高度自觉的诚实守信原则，从而导致员工缺少一种公开、公平、公正竞争的文化习惯，导致员工的人格、职业修养的缺陷。根深才能枝繁叶茂，只有企业有着强烈的社会责任感，才能培育出具有强烈责任感的员工。责任感是需要培养、管理和引导的，没有社会责任感的企业，就无法拥有责任感的员工。

没有自觉意识，缺乏责任心，推诿、抱怨是组织以及个人生活中的普遍现象。这种行为严重地影响了落实的效率。更重要的是，不自觉的人无论如何也不能真正地把事情做好。

一个人是否具有自觉精神和自省意识，决定了一个人在落实行动中的主动性和积极性。一个不从自身寻找问题的人其执行效率会大打折扣。只有明白了自身是问题的根源，才能提高落实效果。

1986 年 8 月，程社明到一家合资企业——中国大冢制药有限公司担任推销员。

有一天，公司通知他第二天早上按时到中心医院会议室开会。第二天，他提前 20 分钟就来到了会场，但直到会议开始前 5 分钟，仍不见其他人。

怎么还不见人来呢？他赶紧打电话给公司，一问之下，才知道会议地点不是在中心医院，而是总医院。于是，他急忙往总医院赶，结果迟到了11分钟。

程社明认为迟到不是自己的错，而是通知会议的人弄错了。但日本经理还是让他写了深刻的检查。当他正为自己受到这样的处罚感到愤愤不平时，发生的另一件事情彻底改变了他的认识。

之后没几天，在另一个小型会议上，经理问同样来自日本的经营科长："我们在上海的市场开发工作做好了吗？"

经营科长说："都做好了。医药公司已经同意进货，医院以及药剂也同意买药，对医生和护士都进行了培训，他们愿意用我们的新药品。"

经理又问："那为什么这些药还在我们的仓库里呢？"

经营科长说："那是因为天津火车站没有车皮把我们的药运到上海，我也没有办法。"

经理听了，立即拍着桌子站起来吼道："只要药没有到患者手里，就是你的错。你必须解决问题！"

这位科长对程社明说："咱们现在到天津铁路局去调车皮。"

程社明想：铁路局又不是我们开的，哪能那么容易，想调就能调到，这可不是我们能办到的。

科长好像看出了他的心思，于是说："经理说得对，只要药品没到患者手中，就是我们没有完成工作。我们自己去解决。"

后来，经过他们和铁路局的协商，车皮终于安排好了，药很快就运到了上海。

通过这件事情，程社明明白了：什么叫对顾客负责，什么叫对结果负责。

一个对结果负责的人要从自身寻找问题的根源。

经过这件事之后，程社明认认真真地写了一份检查交给了经理。

当面对没有完成的工作或者目标时，总是在寻找替罪羊，却没有意识到自己就是问题的根源。其实这个时候，就需要拿出一点自觉的意识，从自身找找原因，只有善于认识自己的人才能找到问题的根源。

工作出现了失误，我不负责谁负责？没有把自己看成是一切的根源，又怎么可能去主动改变什么呢？从自觉做起，把我看成一切的根源。我做到了吗？

想一想，如果把自觉意识看成一切的根源，工作中的许多失败真的是不可避免的吗？设备故障未彻底排除，不要只抱怨维修人员水平不高，要问问自己跟踪落实过没有；下属的工作没有做好，不要只抱怨下属没有责任心，要问问自己检查督导过没有；工作任务没有完成，不要只抱怨工作太多、时间不足，要问问自己的工作安排是否合理等。

只有做到了自觉，才能达到优秀，在别人的强迫下不情愿不得已去做的事情，永远不可能做好。

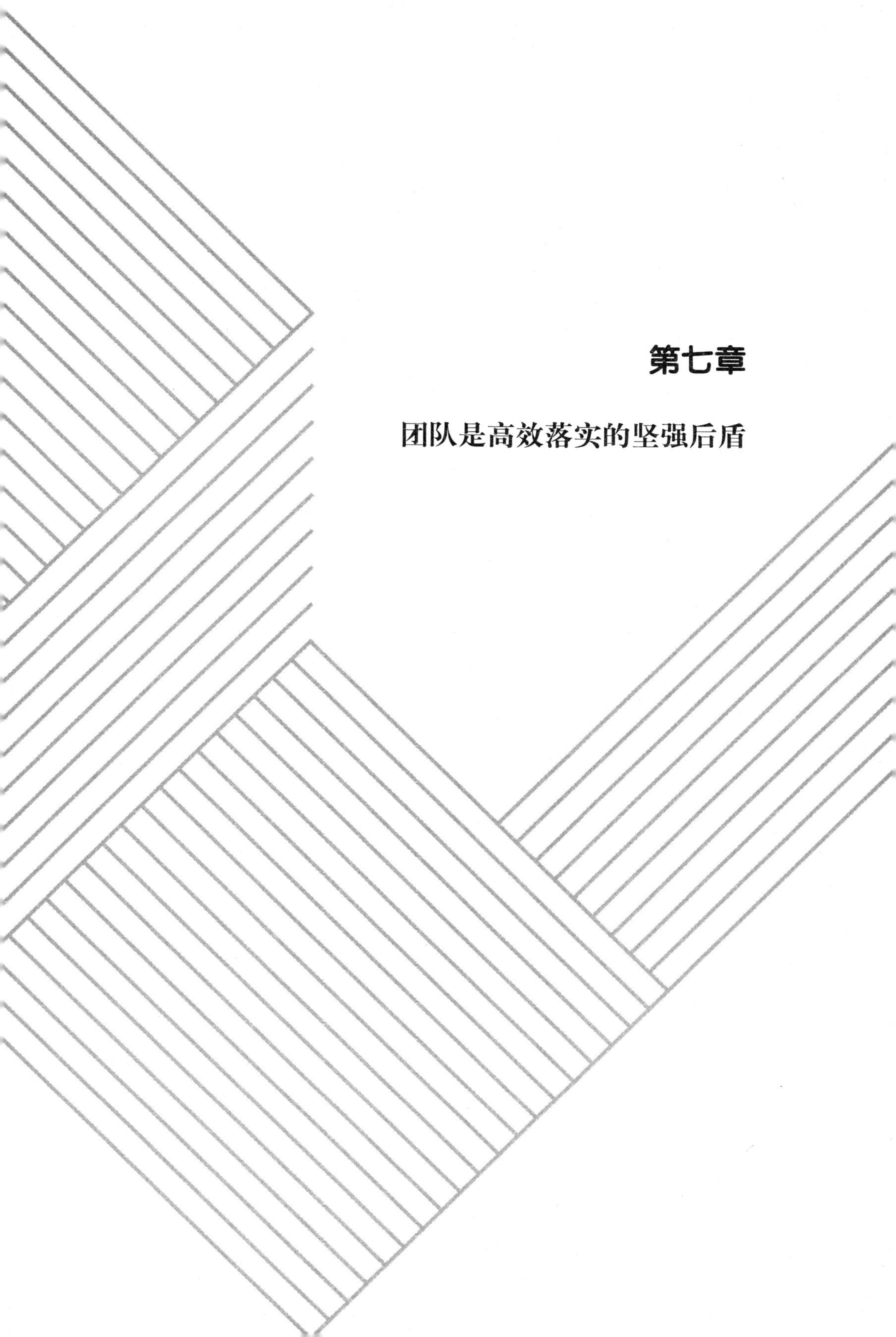

第七章

团队是高效落实的坚强后盾

01　群狼无敌：团队精神让狼族战无不胜

在狼族的生存理念中，很重要的一条就是：团结合作，克敌制胜！狼群最伟大的品质就是它们的合作精神。我们几乎可以将狼群的行动看成是“合作”的隐喻。张瑞敏就曾说：“狼最值得称道的是战斗中的团队精神，协同作战，甚至不惜为了胜利粉身碎骨、以身殉职。商战中的这种对手是最令人恐惧，也是最具有杀伤力的。”

狼崇尚团队合作的精神是值得我们颂扬的。树立团队意识，摒除独行侠思想，这是当今职场发展的“真经”。

刘芳应聘到一家公司做销售。上司交给她一项任务，让她在本市做一下公司产品的市场调查，然后策划一份市场营销活动方案。

刘芳是第一天上班，工作又是上司亲自交代的，因此不敢有丝毫懈怠。她一个人来到各大商场做了一番调查，然后带着手头资料躲进写字间，做起方案来。很长时间过去了，她的方案还是没有做出来。

实际上，她收集的那些资料公司都有，她只要向有关部门借阅一下即可，而她却不懂得向他人寻求帮助，用别人的智慧来帮自己克服工作中的困难，只是一个人像没头苍蝇似的蛮干，当然理不出任何头绪。

今天，像刘芳这样的“罗宾汉”已无法生存，或者无法更好地生

存了。不可否认，个人能力是事业成功的基础。然而，离开他人的协作，任何人，无论是伟人还是凡夫，都不可能成就大业。

在团队合作能力日益被重视的今天，优秀的人才绝不会相信个人英雄的假说，而是会积极地投入团队中，融合大家的智慧，开拓一片广阔的天空。

个人也只有投入到企业的团队合作中才能发挥自己的能力，如果说只强调个人的力量，你表现得再完美，也很难创造出很高的价值，所以说“没有完美的个人，只有完美的团队”。

在我们加入公司之后，作为公司的一员，要有“团队”的概念。要时刻以团队和公司的利益为指向，注重合作和分享，充分发挥团队的合力，在团队中向他人学习，在不断的分享经验中实现共同进步。

1. 关爱他人

在团队中，只有学会珍惜，学会关爱同事，才能取得同事的信任和支持，从而提高团队的整体工作绩效。珍惜与团队同伴相识的缘分，并在同伴悲伤的时候为其提供自己的一份关爱，这是一种与人合作的最好的方式。没有人喜欢与不懂自己、不懂珍惜和关爱的人一起合作。

2. 合作分享

只有让自己的才华融入整个团队，学会与别人分享、合作，才能实现工作上的双赢，收到 1+1 ＞ 2 的效果。从分享的角度来说，照亮自己和照亮别人是一个铜钱的两面，辩证地相互依存着，悟得了其中的含义，你就悟得了执行的至高智慧。

3. 不要斤斤计较

有些人在工作当中往往喜欢斤斤计较，做任何事情总害怕自己会吃亏，更怕让别人得了便宜。这样的人就是没有领悟到分享的真谛，也不可能与整个团队拧成一股绳，最终会影响团队的执行力。

4. 向他人伸出援手

在他人遇到困难时，要互帮互助，危难临头时，要首先想到同伴的安全。帮助别人就是帮助自己，在帮助别人的同时，也会让自己更成熟。

5. 不要独善其身

很多人都是独善其身，把自己的事情做好了，别人的事情可不管。旁边的人做得不太好，或你不是太忙的时候，应伸出手帮上一把。你这样做，上司就会认为你“可爱”，懂得替他照顾他忙不过来的地方。

6. 委婉地指出错误

我们应尽量去了解别人，尽量设身处地为他人着想，顾全他人的尊严，委婉地指出对方可能存在的错误。提醒同事的疏忽本是出自善意，但如果不讲究方法，不注意时机和场合，伤及同事的自尊，使双方都不欢而散，那就有些得不偿失了。

02 到位不越位，扮演好自己的角色

一个优秀的执行者，仅仅是做事能力强是不够的，还要认清自己的角色，这样才能在工作中懂进退，不做不符合自己身份的事情。做事一定要到位，但做人一定不要“越位”。

俗话说：“端别人的饭碗，就得受别人的管。”员工自老板那里领取薪水，员工就得尊重老板的权威性，可以到位但是一定不要越位。反之，这个员工就和老板之间无缘可续了。

郭立分配到了一家贸易公司。他能力很强，也很上进，工作十分努力，但他干了几年，还是没有得到提升的机会，当时与他一起进公司的人有的都做了主管，可他还是一个最底线的员工。其实，同事们都知晓其中的原因，只是他自己想不清楚，私底下他总抱怨这个公司埋没了他这个人才，这个公司没什么前途等。

有一次，他的主管正和公司老板一起检查工作，当走到他的办公室时，他觉得机会到了，来个“越级上访”，说不定会有意想不到的收获呢！于是他突然站起来，对自己的主管说：“主管，我想提个意见，我发现咱们部门的管理比较混乱，有时连一些客户的订单都找不到。”当时主管的脸像铁锅底一样黑，但又没说什么，就陪着经理走了。

郭立之所以没有得到提升的机会，根本原因在于他没能看透老板的心思，没有看透老板毕竟是老板、员工毕竟是员工的问题，老板与员工之间的壁垒虽然并非坚不可摧，但却是确实存在的事实。职场中，老板和部属之间存在身份和地位的等级之分，界线的分明是不容逾越的。

办公室中的人际关系，有时候非常复杂，往往隐含在日常生活中的一些小事情中。为了避免以上越位的事情发生，员工应该注意以下几点：

第一，要分清哪些事情是领导要亲自拍板的，哪些是可以自己放手去做的。下级和领导所认同的重要的事情并不完全相同，你要在日常工作中注意观察，多积累经验，了解不同上司的脾气。分清楚什么是重要的或者不重要的。

第二，注意程序流程。分派任务的是谁，就应当让谁负责。上下级之间的工作程序应该严格执行。领导有明确回答时，当做主时就做主；没有交代的事情不要瞎做主，宁可放着，也不要动。

领导对于你的职场命运有着很重要的作用。注意以上两条事项，把握好和领导之间的距离，掌握好职权之内的事，不越权才能得到领导的青睐。

第三，别把自己看得太重要。即使你有绝世无双的本领，也必须学会适应环境、审时度势，万不可清高自傲，一意孤行，我行我素。而是应虚怀若谷，团结别人，用自己的品行去感染和凝聚志同道合的人。这样，既能有效地保护自我，又能充分发挥自己的才能，在社会上争得一席之地。职场之中，也是如此，学会放低身价，别把自己看得过于重要，凌驾于组织之上，否则，只会受众人孤立。

03　引入价值管理，做企业需要的事情

企业最大的浪费就是价值浪费。价值浪费就是一个人不能做公司真正需要的事。每个人都陷入价值浪费是公司最大的灾难。做正确的事永远比正确地做事更加重要。时间管理、目标管理、流程管理，其实质就是价值管理。每一个员工都要追求有价值的工作而非只知一味地努力工作。

“你不要问国家能为你做什么，而应问你能为国家做什么！”这是肯尼迪宣誓就任美国总统时说的一句话。虽然制度可以不同，文化可以不同，但这句话背后所蕴含的职业精神是一致的。同时，这句话也应当成为我们的职业准则和做事的导向。

汉夫特是加拿大渥太华一家宾馆的主人，他以“懒惰”著称，凡是能交给手下干的事，他绝不亲自去做。宾馆业务虽然繁忙，他却整天悠闲自在。有一年的圣诞节，他让宾馆全体员工分别评选出 10 名最勤快和 10 名最“懒惰”的员工。汉夫特叫人把这 10 名最“懒惰”的员工叫到他的办公室。这些员工忐忑不安，以为老板要炒他们鱿鱼，可是令他们感到意外的是，一进门，汉夫特就说：“恭喜各位被评为本宾馆最优秀的员工。”

这 10 名员工面面相觑。看到大伙这样，汉夫特微笑着解释道：“根

据我的观察，你们的‘懒’突出表现在总是一次就把餐具送到餐桌上，一次就把客人的房间收拾干净，一次就把工作干完，因而在别人眼里你们每天大部分时间都闲着，无所事事。但依我看，最优秀的员工无一例外都是‘懒汉’——‘懒’得连一个多余的动作都不想去做。而勤快员工的‘勤’，大多表现在整天忙忙碌碌，不在乎把力气花在多余的动作上，做一件事不在乎往来多少趟、花多少时间，如此，工作能有效率吗？”

也许你会觉得汉夫特的行为不可思议，这并不奇怪，因为你还没有弄懂工作追求的是什么。有人曾经问过许多公司的管理者：评价员工的标准是什么呢？他们都毫不犹豫地说：业绩。要提升业绩，就要提高时间的利用率。可见，一名员工，无论他其他方面表现得如何出色，对待工作如何勤奋，只要他拿不出令人信服的业绩，一切都是白费工夫。

加入一家公司，我们也要建立这样的思维方式——“不要问公司为你做了什么，而应问你为公司做了什么。”这也是优秀员工和一般员工在思维上的差异。经常问自己能为公司做些什么的人，在工作中会更有使命感，他们的行动也能够和公司时刻保持一致，当然，他们在公司中的成长也会很快。相反，经常问公司能够为自己做些什么的人，通常会对自己的工作充满抱怨，当然，他们也无法在工作中获得长足的发展。那么怎样在自己的工作中引入价值管理，做一个组织需要的人呢？

1．把价值管理植入我们的工作

把价值管理植入我们的工作当中，就是在有限的时间内做最有价值的事。利用好时间的一个重要方法，就是凡事分清轻重缓急，一切以要事为先，这样才能事半功倍，将时间用在回报最高的地方。

2. 杜绝浪费

我们能够看到的那些浪费，比如拖延、办公品的浪费，都不是最可怕的；那些看不见的浪费才是最可怕的，例如每个人内在的价值观和职业态度，这些内在的错误的认知产生的浪费就是价值浪费。简而言之，就是每个人都不能够做企业真正需要的事情，对什么样的事情有价值缺乏正确的判断。一个公司的核心价值观是我们做事的导向，也是我们进行价值管理应围绕的中心。

3. 认同企业价值观

将“价值管理”引入工作中，就在于要时刻让自己的工作方向与公司的价值观保持一致。而企业的价值观管理的终极目标就是培养企业管理者和员工的共享价值观。

价值观能够为企业培养无法复制的核心竞争力，价值观的表现形式就是经济绩效。公司价值管理的核心就是让每一名员工的价值观和公司的价值观相符，并把它当成工作中一切事情的主要指导方向。

04 融于团队，才能融于公司

团队精神是现代企业成功的必要条件之一。能够与同事友好协作，将个人目标融入团队目标，继而融于公司目标，就能把你独特的优势在工作中淋漓尽致地展现出来，否则你很难在现代职场立足，因为“独行侠”时代已经一去不复返了。

哲学家苏格拉底说过：“不懂得工作意义的人常视工作为劳役，则其心身亦必多苦痛。”一个人在团队中工作，最可惜的就是自己的力量被抑制而得不到发挥，原因有很多，欠缺对团队的归属感是其中最主要的。缺乏归属感的人，是一个丧失了目的性，只会为工作而工作的人，丝毫体会不到在团队中大家为着共同目标奋斗的工作激情。

人力资源专家认为，一个人工作的最大动力不是职位，也不是薪酬，而是来自真心喜欢他的工作与角色所激发出来的自发性和自主性。如果你认同团队价值和目标，那么你将从融洽的人际环境中感受到工作的独特价值。也就是说，能从团队成员的合作关系中找到工作的意义，由此激发全心全意投入其中的工作积极性。

西点军校在学员训练方面有一项重要的内容，就是要培养学员把个人目的融入团队目标的精神。在西点军校巴克纳野战营，有一个活动，

是把学生分成35人左右的小组，大约是一个排的规模，让各组在几个小时之内完成组合桥梁的任务，这是必须靠团队合作才能完成的任务。这种活动用的组合桥，每一块桥面和梁柱都有几百公斤重，光是要抬起一块桥面，就需要一群人的力量。在战场上，搭建这类的组合桥多半都有具体、迫切的目标，或是为了恢复重要物资的运输，或是为了逃避敌人的追击，或是为了进攻歼灭敌人，这些生死攸关的情况自然会产生迫切感。要是没有这样的目标，要激发学生的士气，合力搬起三四百公斤的大桥墩，并不是很容易的事情。

因此，他们建立了一个假想的目标，对“敌人”重新定义。现在各组互相竞争，看哪一队先把桥搭好。这样的动机在企业界也很常见，如“阿迪达斯”的主管可能告诉员工以打败“耐克”为目标，而“艾维士”长久以来一直努力想赶上“赫兹”，成为租车业的龙头。这是有效的竞争，这种竞争有助于目标的达成，因为团体所追求的目标不仅对每一个成员很重要，同时对整个团队也很重要。然而领导人有时候会造成“适得其反”的竞争，因其所建立的目标反而会迫使团队成员必须互相竞争，以争取奖金或晋升。这种竞争不仅导致部属之间的忠诚有所冲突，同时也是鼓励个人的表现而非团队的表现。结束巴克纳野战的时候，学生不仅要完成各项团队目标，同时也体验到了团队合作的重要性。而更重要的是，他们对自己的小组产生了认同和归属感。西点的传统仪式，更进一步加强了这样的认同和归属感。

在野战营的最后一天，学生要全副武装行军到波波洛本湖，接受最后一项信心课程，其中一个活动是众所周知的难关“鲤鱼跃龙门”。这是西点最有名的惊险之旅，学生必须利用梯子爬上24米的高塔顶端，然后双手握住钢索上的滑轮，滑到湖的对岸去，全身重量都只靠双手支撑。而在快到对岸的时候，必须松开双手落入水中，自己爬上岸去。接下来是爬竿，走过一段约 8 米的独木桥，然后抓住水面上的绳索慢慢前进。听到命令的时候，要立刻松手跳入湖水中。等到他们湿漉漉地浮出水面，野战营的训练就大功告成了。

完成了暑假六星期的野战营严格训练，学生内心的成就感就像新生通过野兽营的时候一样，自信心大大增强。最后各组行军 20 公里回到校区，在大操场上接受校长和其他人的鼓励，他们的努力和成绩都得到了肯定。这对学生而言，更进一步提高了他们的自信心。此外，也有具体的奖励。在结训典礼上，每一位新生都会升级为学员下士。在军中，下士是带领士兵的最低军阶。这个晋升对学生意义重大，付出的心血越大，所得的果实才越甘美。每一位学生都经过了一年的辛勤和努力，才得到这第一次的晋升，也就是说西点军校公开肯定这些新生已经足以交付领导其他低年级学生的责任。升上二年级之后，每位学生就要负责带领一两名新生。拿破仑认为，人类最伟大的领袖，就是那些知道怎样为自己和自己的部下创造一个共同敌人的人。一个目的性强的人应当深知团队目标，即“共同的敌人”对个人目的的意义，自觉地将个人精力投入到团队的目标中去。

与团队同甘苦、共患难，面对任何艰难险阻都不离不弃，这是团队关系得以长期维系的基础，也是整个团队获得持续发展，以及所有团队成员利益得到最大保障的基本原则。只有融入了一个小的团队，才可能融入到更大的公司。如果没有团结合作的意识，你永远也融入不到集体里，融入不到公司里。

05 让自己和公司的价值观相得益彰

公司的价值观就是公司所有员工的“志向”，只有员工把公司的“志向”视为自己工作的“理想”，对公司有一种认同感，整个公司才有凝聚力和竞争力。因此，公司在考察一个员工的时候，首先就会考察员工对公司价值观的认同。

联想集团在企业文化培训中有一个比较有特色的过程，叫“入模子”。“入模子”是典型的柳氏语言风格。按照柳传志的话，“入模子”是说联想要形成一个坚硬的模子，进入联想的职工必须进到联想的“模子”里来，凝成联想的理想、目标、精神、情操行为所要求的形状，使大家能够按照联想所要求的行为规范做事，而这种行为规范又主要指执行以岗位责任制为核心的一系列规章制度。

“入模子”是新员工进入联想的第一步，公司通过这个过程和仪式，把联想的价值观灌输给每一个新员工。按照联想的传统，每一个联想员工，在入职以后三个月的试用期内，都必须参加“入模子”培训，否则不能够如期转正，“入模子”的成绩会记入新员工档案成为重要依据。联想通过对每一个“新人”精雕细琢，希望他不仅适应岗位的要求，而且能够认同公司的企业文化。不进入联想的“老君炉”，被联想的企业文化“同化”的人，就不能在联想的大熔炉里面修炼成“仙”。

“入模子”培训的地点一般都选在风光秀丽的郊外，每天的日程都安排得非常紧凑，甚至超过平时的工作。早上天还没亮就要起来跑操、军训，然后高唱联想之歌，开始一天的课程。从基本的素质培养开始——比如团队精神、自信精神，然后进入重头戏，是关于联想的部分，包括联想的历史、发展道路、使命和远景以及联想成功的基本经验。培训的过程中会组织参观联想的工厂、卖场，介绍公司的主要业务、现有的管理模式、组织结构和薪酬体系，另外还有礼仪规范方面的培养，包括如何接电话、如何对待客户、如何穿衣打扮等。总之，凡是从这个“流水线”培养出来的人，就应该像联想电脑一样成为一名合格的联想人。

新人被联想文化“同化”的过程，主要是经过“入模子”实现的。联想的“入模子”培训使联想的企业文化和价值观能够深入到每一名员工的内心。使联想的企业愿景和目标能够成为上下员工的共同志向，增强了员工的集体认同感。通过“入模子”的培训，每一名联想人都可以把个人的奋斗目标更好地融入到公司的目标当中。

通过联想“入模子”的新人培训，我们就会明白公司为什么会这么看重员工对公司价值观的认同。每一个公司，都有一个发展的愿景。一个人认同了企业的核心价值观，就代表他认同了企业愿景中最本质的部分。一个人的价值观围绕着“什么对我很重要”这个问题，它们是根深蒂固的标准，影响着一个人生活的各个层面——道德判断、对他人的态度以及对目标的投入。如果员工知道他们的公司代表什么，知道他们所拥护和追求的是什么，就能够主动做好公司需要的事，自觉维护公司的利益。

价值观认同对于员工来说也是一种激励。员工认同了公司的价值观，他们就会在此基础上自动自发地工作。在拉丁语中，“价值观是力量的来源，因为它能赋予人力量去采取行动”。在认同公司价值观的基础上，员工的积极性和创新精神会得到充分发挥。当每一个员工都能自觉地坚持在自己的岗位上做好应该做的事情时，管理就变得十分容易了。

06 工作是一份“心灵契约”

人与人之间从内心认可彼此，并共同遵守一种精神理念和道德标准，就称之为“心灵契约”。这种契约已经固化成为人的潜意识，指引着人们按照这种契约做出相应行为。从字面就可以看出，“心灵契约”是心灵上的，而不是书面的，不具有法律效力，但它仍然有着较强的约束力，它存在于人的内心深处，从精神和理念的高度指引着人们的行为。

工作就是一份心灵上的“契约”。我们从加入公司的第一天起，就等于和公司签下了一个合约。公司给我提供成长和发展的平台，我们为公司提供业绩，担负起自己的岗位职责。这种契约需要公司和员工共同遵守，双方共同认可和自觉践行，任何一方、任何人破坏这种“心灵的契约”，都会受到道德的谴责和团队的排斥。

契约精神是西方文明社会的主流精神，在民主法治的形成过程中有着极为重要的意义。关于契约精神，日本的手岛佑郎在《犹太人为什么优秀》一书里，有过描述：“可以说，犹太人特有的思想就是他们的契约思想。”人和上帝之间有契约，人和人之间也有契约。即使在结婚的情况下，新郎也要给新娘一份《结婚契约书》。从某种意义上来说契约精神代表的是一种规则，一种进步的文明。

契约精神对现代企业的意义不言而喻。契约精神意味着克己、集

体主义、规则意识，是分工协作和各项制度得以实施的重要保证。香港凤凰集团就是一个很好的例子。

香港凤凰集团的每一个员工都会和公司签订一个合约，他们和公司签订的合约是非常详细的，而他们执行合约的严肃和认真也是一丝不苟的。他们有这样一个规定：每个月都会把每部电话打出去的号码打印出来，由大家认领，把私人电话勾出来，然后该电话费将从个人薪水里面支付。每一位凤凰员工都会规规矩矩地划勾，绝不蒙混过关，公私分明。餐费也是一样，凤凰员工很少假报餐费，占公司便宜在他们看来是为人所不齿的行为。契约精神，也体现在职位上的恪尽职守。在凤凰集团，干活的时候他们很少攀比，没人监督的时候，也能够尽职尽责地做事。

可以说，凤凰的文化根基和竞争力，就是在这种契约精神之上构筑起来的。工作是一份“心灵契约”，进入公司，就等于和公司签下了一个约定，在这种约定的促进下，就会自觉主动地做事，时刻恪守职业道德。

柏林寺的方丈明海大和尚，曾向一位企业家讲述了自己的一段亲身经历。有一次，他看到一幅米勒的油画，名字叫作《晚祷》，给他留下了非常深刻的印象：

夕阳中，一对农民夫妇正在地里劳作，这时，从远处的教堂里，传来了悠扬的晚祷钟声。于是他们停下手中的活，静静地祈祷。

这幅画很美，也很震撼人心，这对夫妇在工作的时候，当听到了非常崇高神圣的晚祷钟声时，仿佛有一个召唤，让他们从工作中升华出来，达到了一种宁静而超脱的意境，而这幅画的魅力正是从这种意境而来的。

明海大和尚在评价这幅画时说：“这是西洋画，它的魅力是因为外面有个东西在召唤画中的人物。如果以禅来看呢，不需要钟声，也不需要晚祷，每时每刻你都应全力以赴、专心致志地做你的工作，这就很神圣，就足够了，每时每刻都是一幅《晚祷》。”

明海大和尚的见解十分深刻，让我们找到了一种生活的神圣感。神圣感对于我们来说非常重要，怀着一种神圣感去工作的人，无论有没有奖励，无论老板在与不在，都会认真尽责地做好自己的工作，因为在他们心目中的工作就是一份心灵上的契约。有了这样的契合，员工就会认同自己的公司，从而自动自发地去努力工作。

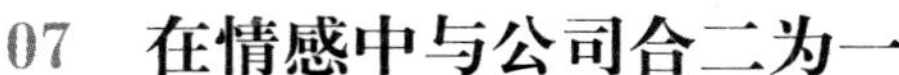

07　在情感中与公司合二为一

刚开始加入一个公司时，可能只是由于生计和物质方面的原因对公司有一定的依赖感，可当我们在一个公司工作的时间久了时，就会产生情感和归属。所谓的认同自身企业，包含着在情感中与公司合二为一。

每个人的工作都属于一个特定的行业，属于什么行业就要热爱什么行业，只有首先热爱自己的行业才能在行业内树立品牌。工作无贵贱，行业无优劣，只要敬重自己的工作，热爱自己的职业，不论在什么行业都可以干出一番事业。中国有句俗话叫“三百六十行，行行出状元”，但是，每一个行业的状元是不多的，只有为数不多的优异者才能成为行业的状元。要想出类拔萃，成为状元，必须热爱自己所在的行业，钻研本行业的知识，提高行业的技能，收集本行业的各种信息，提高行业工作的执行力，才有可能树立品牌。不想当状元的人也必须热爱自己的行业，否则就无法在行业中立足。各行各业都需要全心全意、尽职尽责的员工，如警察应该维护社会秩序，尽职尽责为民众服务；政府官员应该热爱行政事业，勤奋思考并制定和执行政策；酒店员工应该热爱服务行业，力求为顾客提供最好的服务；航空公司的员工应该热爱航空事业，力求做好飞行安全和飞行中的各项服务等。只有做到了干一行，爱一行，才会有执行任务的力度与能力。

有这样一位邮政局老局长，他是一位干了20年的老邮政，每次上班他都是一身邮政工装，按照常理，局长可以不着工装。有人问他为什么，他说：“我穿了20年了，我喜欢。”话虽朴实，却十分值得深思。我们从事一份工作，时间长了，就会对公司产生依恋和情感。

电焊工，是油田施工企业最艰苦的工种之一。因为高温难耐的夏天，油罐内闷热无比，天寒地冻的冬天，却又要在冰天雪地中施工。

汪宏辉从1993年成为一名电焊工，已经工作了整整15年，期间和他一起进来的同事，都因为受不了苦，辞职的辞职，下海的下海。但他却与焊枪成了最亲密的伙伴，每天充分利用时间，看书、背操作要领。不分春秋冬夏，他始终蹲在大罐里学焊接，几乎已经进入了痴迷的状态。工服时常被1000多摄氏度的铁水烫穿，手上、胳膊上被焊渣烫得伤痕累累，但他一点也不在乎。

正是凭着这种好学的态度，汪宏辉边干边总结，很快成长为单位的技术骨干，并摸索总结出“观、请、学、摸、把、试、悟”的电焊工七字要诀。“二胡”引弧法、短弧左焊法、内外兼容送丝法、温度判断法、锯齿下拉法——一个个探索形成的操作法，最终都指向了以汪宏辉名字命名的长输管道焊接操作法。

按照国际施工惯例，所有从事电焊技术操作的人员必须在现场通过上岗考试，而标准是国际通用的美国“阿斯米”标准。对于汪宏辉来说，一阵焊花飞舞……一个漂亮的“阿斯米”国际标准的管口盖面迅即呈现在人们面前。于是外国人称他为“免检王”。

汪宏辉成名后，有几家大公司慕名前来提出年薪20万元的条件聘请他，都被他婉拒了。汪宏辉说：“是江苏油田培育了我，油田的发

展也给了我不断进步的机会，这辈子我在江苏油田干定了！”

从汪宏辉掷地有声的话语中，我们可以看出，他在江苏油田工作，不是出于一种物质回报上的考虑，而是一种情感上的融入。我们讲要认同所服务的公司，不只是要从价值观上认同，而且要从情感和行动上，也要认同和融入所在公司。

如果我们能够像汪宏辉那样，我们的行动对他人也会产生积极的感召力，在感召着别人的同时，我们也会有更大的动力和热情投入到工作当中。

第八章

用脑去思考，用手去执行

01　用你的大脑改写工作中的“不可能”

生活中总会遇到各种各样的问题和困难，有时候还有可能遇到比较难解决的问题。如果我们不善于开动大脑去思考，遇到难题的时候就可能会退缩，就会把比较难解决的问题当成不可能解决的问题。如何才能解决工作中遇到的困难呢？这就需要我们善于开动大脑，带着思想去工作。

那么，怎样做才是带着思想工作呢？简单来说，带着思想工作实际上就是在工作中要有自己的想法，要勤于动脑，勇于打破常规。

一次，美国通用公司招聘业务经理，吸引了很多有学问、有能力的人前来应聘。在众多应聘者中，有三个人表现极为突出，一个是博士 A，一个是硕士 B，另一个是刚走出大学校门的毕业生 C。公司最后给这三个人出了这样一道题：

有一个商人出门送货，不巧正赶上下雨天，而且离目的地还有一大段山路要走，商人就去牲口棚挑了一头驴和一匹马上路。

路非常难走，驴不堪劳累，就央求马替它驮一些货物，可是马不愿意帮忙，最后驴终于因为体力不支而死。商人只得将驴背上的货物移到马身上，马就有些后悔了。

又走了一段路程，马实在吃不消背上的重量了，就央求主人替它分担一些货物，此时的主人非常生气地说："如果你替驴分担一点，现在就不会这么累了，这都是你自找的，活该！"

没多久，马同驴一样也累死在路上，商人只好自己背着货物去买主家。

应聘者需要回答的问题是：商人在途中应该怎样才能让牲口把货物驮往目的地？

A的答案：把驴身上的货物减轻一些，让马来驮，这样就都不会被累死。

B的答案：应该把驴身上的货物卸下一部分让马来背，再卸下一部分自己来背。

C的答案：下雨天路很滑，又是山路，所以根本就不应该用驴和马，应该选用能吃苦且有力气的骡子去驮货物。商人根本就没有想过这个问题，所以造成了重大损失。

结果，C被通用公司聘为业务经理。

A和B虽然都有较高的学历，但是遇事不能仔细思考，所以应聘没有成功。C虽然没有很高的学历，但是他遇到问题不拘泥原有的思维模式，善于运用自己的思想，灵活多变，所以他成功了。

C就是一个用自己的思想工作的人。

美国家用电器大王休斯原来是一家报社的记者，由于和主编积怨太深，他一气之下辞职不干了。

有一天，休斯应邀到新婚不久的朋友索斯特家吃饭。吃菜时，他尝到菜里有一股很浓的煤油味，简直没法下咽。但碍于情面，他又不好说什么。索斯特不可能吃不出那怪味道，但他也无可奈何，他新婚的妻子是用煤油炉做饭的，那时候大家都用那种炉子，很容易把煤油溅到锅里。他当着朋友的面也不好说妻子什么，只好对着煤油炉抱怨："这该死的炉子真讨厌，三天两头出毛病，你急用时它偏要熄灭，每次修都弄一手油……"

最后，索斯特又若有所思地说："要是能有一种简便、卫生、实用的炉子就好了。"

说者无意，听者有心。索斯特的话对休斯的触动很大。"对呀，为何不生产一种全新的炉具投放市场呢？"有了这一想法后，他开始重新设计自己的人生目标，全身心地投入到研制新型家用电器上。经过不懈的努力，他终于在1904年成功地研制出一系列新型的家用电锅、电水壶等家用电器，成了闻名于世的实业家。

用自己的思想工作的人才能提出革新性的问题，工作才能有所突破。

在公司里，有些员工缺乏思考问题的能力，也缺乏解决问题的能力。他们在遇到问题时，不是去多问几个"为什么"，多提几个"怎么办"，而是逃避问题，这样的员工不仅不会受到企业的欢迎，在职场上也难以发展。

今天的社会，是一个充满竞争，也充满机会的社会。受大环境的影响，企业的环境也总是处于不断的变化和竞争之中。在这种残酷的环境中，每个公司必须时刻以增长为目标才能生存。但任何人都不是万能的，都有自己的弱项和局限性，单凭一个人的力量不可能把企业带上一座座高峰。所有成功的企业老板都喜欢其他的人能多给自己一些有益的建议，以弥补自身的不足，促进企业的发展。

只有在工作时多动脑筋、勤于思考，善用智慧工作的员工，才能取得出色的成绩，才会得到企业的青睐，才能改写工作中的“不可能”，成为最终的成功者。

02　智者面前无困难，带着思考去执行

拿破仑曾经说过："任何出色的战争，都是讲求方法的战争。"同样，任何出色的落实，都是讲求方法的落实。落实责任不是机械地去执行任务。带着思考去执行，带着智慧去执行，已经成为当今时代的必然要求。懂得带着脑袋去落实的人才也因此成为很多企业眼中的千里马。

落实责任并不是按部就班重复简单的程序，它要用手用脚，更需要用脑。思考力决定落实力，懂得思考的人才能提出革新性的问题，才能打破常规高效落实。

美国有一位名叫贝特格的保险营销高手，曾一度陷入生意的困境，很烦恼，但他走出困境的方法很独特。他初入保险业时也是踌躇满志，无限热爱工作，可业绩一直不佳，他因此灰心丧气，欲就此放弃。某周末的早上，他苦苦思索问题的根源，并决定如果理不出什么头绪来的话，就干脆辞工改行。那天早上，他自问自答了这样几个问题：

1．问题到底是什么？

他回忆，有时在与客户洽谈一单业务时，似乎进展得非常顺利，但往往在要落单的节骨眼上，客户却突然就此打住，说下次有时间再面谈。而恰恰就是这些所谓的下次面谈，耗费了他大量的时间和精力，使他产生一种挫败感。

2. 问题的根源在哪里？

他有个好习惯，喜欢做工作记录。于是，他拿出最近12个月的记录，做了一番统计分析，得出的结果使他茅塞顿开。他发现自己的生意有70%是在首次与客户的洽谈中一次成功的，还有23%的生意是在第二次洽谈中拿下来的，只有7%的生意需要在第三次、第四次、第五次，甚至更多次的洽谈之后才能成交。而正是这7%的生意把他搞得筋疲力尽、狼狈不堪。也就是说，他几乎每天都要花上半天的时间疲于奔命于这充其量只占7%的生意额上，结果得不偿失。

3. 解决方案是什么？

问题的根源一找到，答案似乎也就迎刃而解了。他立即快刀斩乱麻，把那些需要进行3次以上洽谈的生意一笔勾掉，把由此节省下来的时间去专门挖掘潜在客户。结果，他取得的业绩简直令人难以置信，在很短的时间内，他的人均洽谈成交额就翻了一番。

很多时候，我们并不是找不到改进工作、提升自我的方法，而是缺乏思考。如果我们能像贝特格那样勤于思考，又何愁找不到落实不好的“病因”，然后对症下药呢？有时人们觉得无路可走，往往是因为不敢想、不去想，而非其他。

只要你主动去想去做，你就能打开自己的智慧源泉，最终把问题落实好。

03 不惧怕有问题，只惧怕不思考

在问题面前，我们可以选择搁置问题、逃避问题，也可以选择调动思维解决问题。当然，两种选择也会导致两种截然不同的结果。工作中，不怕有问题存在，就怕我们不去思考，不去想方设法解决问题。遇到问题，只要你肯开动脑筋，就永远有解决的可能。

吕思在一家广告公司做创意文案。一次，一个著名的洗衣粉制造商委托吕思所在的公司做广告宣传，负责这个广告创意的好几位文案创意人员拿出的东西都不能令制造商满意。没办法，经理让吕思把手中的事情先搁置几天，专心完成这个创意文案。

接连几天，吕思在办公室里抚弄着一整袋的洗衣粉在想："这个产品在市场上已经非常畅销了，人家以前的许多广告词也非常富有创意。那么，我该怎么下手才能重新找到一个点，做出既与众不同，又令人满意的广告文案呢？"

有一天，他在苦思之余，把手中的洗衣粉袋放在办公桌上，又翻来覆去地看了几遍，突然间灵光闪现，他想把这袋洗衣粉打开看一看。于是，他找了一张报纸铺在桌面上，然后，撕开洗衣粉袋，倒出了一些洗衣粉，一边用手揉搓着这些粉末，一边轻轻嗅着它的味道，寻找灵感。

突然，在射进办公室的阳光下，他发现了洗衣粉的粉末间遍布着一些特别微小的蓝色晶体。审视了一番后，证实的确不是自己看花了眼。他便立刻起身，亲自跑到制造商那儿问这到底是什么东西。后来，他得知这些蓝色晶体是一些“活力去污因子”。因为有了它们，这一次新推出的洗衣粉才具有超强洁白的效果。

明白了这些情况后，吕思回去便从“活力去污因子”下手，推出了非常成功的广告。

吕思通过积极思考发现了去污因子，找到了广告的亮点，吸引了消费者的眼球，叩开了问题之门。很多时候不是我们缺少发现，而是我们缺少思考，我们都见过苹果落地，却只有牛顿发现了万有引力，因为只有他将这个问题深入地思考下去并想方设法给予解释。

问题来了，不要害怕，当你抱着积极的心态去积极地思考应对问题的方法时，问题就没有你想象中的那样棘手；当你着手解决问题的时候，问题总有一天会屈服于你的智慧。

04　主动思考能生出“巧干”的硕果

执行要讲究方法。一个人想提高自己的工作效率和工作绩效，其关键不在于苦干，而在于巧干，在于主动思考。

人们常说：“一件事情需要三分的苦干加七分的巧干才能完美。”意思是行事时要注重寻找解决问题的思路，用巧妙灵活的思路解决难题，胜于一味地蛮干。“苦”的坚韧离不开“巧”的灵活。一个人做事，若只知下苦功，则易走入死路；若只知用巧，则难免缺乏“根基”。唯有三分苦加上七分巧才能更容易达到自己的目标。

当亨利·福特还是少年时，就发明了一种不必下车就能关上车门的装置，当他成为闻名于世的汽车制造商时，他仍在继续巧干。他安装了一条运输带，从而减少了工人取零件的麻烦。在此问题解决后，他又发现装配线有些低，工人不得不弯腰去工作，这对身体健康有极大的危害，所以他坚持把生产线提高了8英寸。这虽然只是一个简单的提高，却在很大程度上减轻了工人的工作量，提高了生产力。

历史上，无数新发明、新创造便是如此诞生的。人们眼中的“懒汉”，常常是老板青睐的对象。

杰瑞是一个新的证券经纪人。和所有新手一样，主管给他一个电话号码簿和一部电话，让他开始工作。如果他想干好，就要尽可能多的打电话。杰瑞拥有超人的毅力，他每天会打上几百个电话，忍受不断的拒绝，然后再排除大量障碍寻找到新的客户。在前几个月里，其他经纪人被他甩在了后面，杰瑞开始受到上级的重视，最后成了管理层中的一员。但是他还要在这种广种薄收的销售环境中顽强苦干，用漫长的时间才能继续证明自己的价值。

我们不妨来为杰瑞设计一个小型的经营系统，通过廉价的报纸广告和推销信向客户发送信息，这样，杰瑞就不用再拨打电话了。他只需与那些看到自己发布的信息后给他打电话的人谈生意即可。这样，杰瑞的交易量提高了，就不会像从前一样忙得不可开交。事实上，“巧干”可以让自己有时间做更有意义的事情，这样做不但不会因为偷懒而被否定，反而有机会获得更大的成功。

做任何事情，都要将“苦”与“巧”巧妙地结合起来。正所谓“三分苦干，七分巧干”，“苦”在卖力，“巧”在灵活地寻找思路，只有这样，才能找到走向成功的捷径。

海尔员工魏小娥用创新的方法解决了生产过程中的“毛边”问题，使过去脏乱不堪的卫浴生产车间现场变得十分整洁，将产品合格率提升到了100%，这一成就使魏小娥的“老师”日本模具专家宫川先生也赞叹不已。

海尔空调事业部的质检员戴戈，积极想办法解决了空调检验过程中用水浪费的问题。

联想集团的陈绍鹏顶着重重压力，为联想打开了中国西南地区的市场，为联想公司挖掘了一个拥有巨大前景的市场，同事也都夸他具有“把冰激凌卖给北极熊的本领”。

海信集团的李砚泉，在短短一周的时间内对日本三洋机芯进行了改造，使之适应中国市场；之后又自己设计电视主板，彻底代替了三洋的产品，为海信创造了很好的效益。

还有许许多多的员工，他们都是普普通通的人，却用自己的“巧干”做出了不平凡的成绩，解决了一些长期没有被人解决的难题。人的智慧潜能是无限的，要善于挖掘自己的潜能，不要一味蛮干，多几分“巧”，也许你就能为企业带来巨大的效益。

05　主动创新，引领企业方向

企业经营如逆水行舟，不进则退，每一家企业都需要用常新的眼光关注这个世界的动态，以便采取相应的措施，谋求拓展。只有不断地创新，企业才能跟得上时代的步伐，才能得到发展；不创新，企业就没有生命力。

创新推动企业的发展已成为当前诸多企业的共识。2003 年初，通用电气公司将其格言改为——“拓展想象力”，该公司的董事会主席兼首席执行官杰弗里·伊梅尔特将创新作为最优先考虑的事情。专家指出：“我们生活在一个由创造力、创新和想象力推动世界发展的时代。”

创新不仅是推动企业发展的重要动力，而且也是企业生存的一项重要法则。在硅谷，每年都有近 90% 的创新公司破产。所以，企业和企业家信奉“世界属于不满足的人们”这句格言，很少陶醉在已有的成就之中，而是善于忘掉“过去”，面向未来，勇于变革。惠普公司原董事长兼 CEO 卢·普拉特说：“过去的辉煌只属于过去而非将来。”未来学家托夫勒也曾经指出：“生存的第一定律是，没有什么比昨天的成功更加危险。”比尔·盖茨反复向员工强调“微软离破产永远只有 18 个月”，意在使员工保持创新的紧迫感。葛洛夫也有一句名言，即“唯有忧患意识，才能永远长存”，并说英特尔公司一直战战兢兢，不敢有丝毫懈怠，“让对手永远跟着我们”。这种强烈的忧患意识和危机理念赋予这些企业一种创新的紧迫感和敏锐性，使企业始终保持着旺盛的创新能力。

著名的管理学大师彼得·德鲁克说过：“不创新，就死亡。”他这句名言已经成为现代企业生存发展的真实写照。现在，有许多企业都用不断创新来保持自己的优势。杜邦公司最大的成功经验就是发扬不停顿精神，不断开发新产品。以创新著称的3M公司更是不轻易扼杀一个设想。3M公司新事业开拓小组的所有组员都是自愿加入的，他们有高度的自主权，即使是对那些无法马上得到认可的创新，员工也可以花掉15%的工作时间对自己的创新进行论证。要创新就必须容忍失败。在3M公司，只要小组达到公司的绩效标准便可得到奖励，即使失败了，公司也保证小组成员原来的职位和待遇。“只有容忍错误，才能进行革新。过于苛求，只会扼杀人们的创造性。”这就是3M公司的座右铭。任何异想天开、离奇的想法在3M公司都能得到理解和宽容，科学的设想在3M公司总能找到归宿。3M公司董事长威廉·麦克唐纳更是明确表示：“企业主管是创新闯将的后台。”公司每年都会举行隆重的仪式，将最具有创造力的员工吸收到公司的“科学院”里，全体同行都会到场为他们喝彩。

创新是企业前进的动力。作为公司的主人，我们不仅要尽职尽责地做好自己的工作，而且还应当勇于打破常规，用创新引领企业的航向。比尔·盖茨说：“在微软，一个优秀的人才不仅要有过硬的专业技能，还必须能承受巨大的工作压力，勇于接受新知识，不断创新。”

2002年6月，人才济济的微软公司聘请两位极富创新精神的少男少女做顾问，并让他们参与公司里最为核心的“下一代知识工人”项目

的研究。

有些人觉得微软这种做法有些“另类”，但细想起来，这种“另类”却意味深长，发人深省。

因为微软公司招聘的少男少女绝非等闲之辈。他们是少年电脑天才。首先，他们对电脑非常痴迷，情志专一，功利之心淡薄；其二，他们感觉灵敏，思想活跃，不囿于成人经验，不固守一定模式，不遵循固定之规。他们的脑子里能源源不断地产生各种奇思妙想。所有这些都是微软求之不得的。

微软很重视员工的创新精神和创新能力。比尔·盖茨曾多次说过：“在高科技领域，用人之道并不在乎年龄、阅历。微软讲究的是开拓创新能力。空有经验而没有创新能力，只有墨守成规的工作方式，不是微软提倡和需要的。”

在A公司，职员杰克是公认的好同事，年年工作量都名列前茅，可是两次晋升的机会都与他无缘。先后提升的两个同事资历没他深，工作量也比他少，不用说他心里当然不服，其他同事也为他愤愤不平。公司经理知道后和他们讨论自己的看法：他认为杰克虽然工作态度很好，踏实肯干，但是从无创意。在市场变化环境中，只有踏实肯干是不够的，思想古板只会使市场停滞不前，这样最终只会被淘汰出局。

思想无创意不能不说是个遗憾，杰克只能被动地等待组织上分配工作，从不主动出击，而别人即使工作没有他那么踏实，却有开创性，积极主动地向市场找需求，所以毫无开拓精神的杰克不被晋升是自然的事，只好自认委屈了。

在现代公司里，老板对于每个员工的考核，不再仅仅局限于专业技能的优劣。具备创新意识和创新能力的员工更受老板的器重和青睐。

遗憾的是，现实生活中许多人只是抱着坚守本职工作岗位的态度，因循守旧，缺乏创新精神，认为创新是老板的事，与己无关，自己只要把分内的事做好就行。这种想法实在不妥。作为公司的一员，员工应当将创新视为自己的责任，主动引领企业的发展方向。

06　主动解决公司遇到的问题，不做“按钮式”员工

在职场上，到处可以看到“按钮”式的人，按一下，动一动。

我们身边有很多这样的人。这种人的想法是：反正我是打工仔，只是替别人工作，做得再多，得好处的还是老板，吃亏的是自己。

存在这种想法的人，很容易成为“按钮”式员工，没有激情，没有活力。无人监督时，就不知道做什么了，别人忙得要死，他们却心安理得地度着光阴。

其实，有一种思维方法可以让我们明白很多问题，就是换位思考：如果你是老板，你会喜欢这样的员工吗？

1974 年，许振超初中毕业后到青岛港当了一名码头工人。他操作的是当时最先进的起重机械——门机。许振超勤学苦练，7 天就学会了。操作吊机他练就了“一钩准”“一钩清”“无声响操作”等绝活。

一次，一场大雾使整个码头的装卸作业被迫停下，直到中午雾仍不散。货轮的船长急忙找到许振超，请求他马上把集装箱卸下来。原来，该轮装载的全是冷藏箱，不料供电电源发生故障，如不抢卸，一旦箱里温度升高货物变质，损失就是好几百万元。凭着扎实的技术，他成功抢卸，为客户挽回了损失。

还有一次，队里的一台桥吊控制系统发生了故障，请外国厂家的

工程师来修。专家干了12天，一下子挣走43万元。这件事深深刺痛了许振超。他想，如果自己会修，这笔钱不就省了吗?

桥吊的构造很复杂，涉及电力拖动、自动控制等6门学科，就是学起重机械专业的大学生也至少得两三年才能够处理一般性故障。许振超只有初中文化，可为了攻克这门技术，他用了整整4年时间，一共倒推了12块电路模板，画了两尺多厚的电路图纸，终于攻克了技术难点。这套模板图纸后来便成了桥吊司机的技术手册，成了青岛港集装箱桥吊排障、提效的“利器”。一次，一台桥吊上的一块核心模板坏了，许振超跑到电器商店花8元钱买了一个运控器回来换上，桥吊就正常运作了。而这要是在以前，换一块模板得花3万块钱!

2001年，青岛市和青岛港集团实施外贸集装箱西移战略，启动前湾集装箱码头建设。然而，由于种种原因，直到11月下旬，桥吊安装仍然没有大的进展。关键时刻，青岛港集团总裁常德传现场发布任命:许振超任桥吊安装总指挥，年底前完成桥吊安装。

前湾码头当时还是一片荒地，现场办公就在工地上的一个集装箱里。零下十几摄氏度的天气，集装箱里里外外一样冷。每天早晨脸盆里的水都冻成冰坨，穿上工作鞋先要跺几分钟；吃饭要到三里地以外，错过点只能干啃方便面、凉馒头；睡觉就在集装箱一角铺上硬纸壳加大衣。有一次，许振超发烧，几天不退，身子像散了架一样，走路都发飘。但晚上他给家里打电话仍是那句话：“工程进展顺利，我一切都好。”

妻子许金文和女儿小雪放心不下，乘轮渡到码头上看望许振超。只见他眼里布满血丝，嘴上裂着口子。荒凉的前湾码头空地上，只有两个铁皮集装箱。其中一个，就是许振超的办公室兼卧室，里面的“家当”有三件：一把电水壶，一件军大衣，一张硬纸壳。妻子含着眼泪说:

“这么苦，你的身体怎么受得了？”许振超笑笑说：“做心里喜欢的事，就不觉得苦。”

经过多天的奋战，重1300吨、长150米、高达75米的超大型桥吊，终于矗立在前湾宽阔的码头上。许振超和工友们激动地流下了热泪。

2003年4月27日，青岛港新码头灯火通明，许振超和他的工友们在“地中海阿莱西亚”轮上开始了向世界装卸纪录的冲刺。半年后他又把每小时单船339自然箱这个纪录提高到每小时381自然箱，创造了青岛港集装箱“10小时完船保班”这块品牌，“振超效率”扬名国际航运界！

“振超效率”产生了巨大的名牌效应，青岛港在世界航运市场的知名度越来越高。世界上许多知名航运公司，主动寻求与青岛港合作，纷纷上航线、增航班、加箱量，短短8个月时间，青岛港就净增了13条国际航线，实现了全球通。

2003年，青岛港完成集装箱吞吐量420万标准箱，实现了24%～30%的高速增长。

面对这些，许振超只有一句质朴的话：“货走得快，走得好，咱心里就踏实。”

遇到困难，不应该是推诿或者逃避，而应该像许振超一样主动寻求解决问题的办法。

公司的发展与每个员工的行动息息相关，每一个员工的辛勤努力都会为公司的进步与发展增添一份力量。作为企业的一员，每个员工都有责任和义务以主人翁的身份推进公司的发展。大家会把所有可能的成本降低，包括信息的成本、合约的成本、监督的成本、实施的成本，这些都可以大幅度地下降；对于公司的发展，大家也能够献计献策；对自己的工作，也能够尽职尽责，这一切，都保证了企业的竞争力。我们可以开心地在公司的业绩会上端起酒杯，不会去寻找失败的借口，而能安心地接受老板对我们的嘉奖。

不要怕多做了工作，特别是做了与你本职不相关的工作而吃了亏，你做的每一件事，都是对自己技能、见识的提升。

不要怕多做事，你做的事情越多，你在单位就越重要，你的地位就会越来越高。

所有的知识都是相通的，所有的事都在提升你的能力。

不做“按钮”式员工，不只做上司告诉你做的事，你的发展会比你想得快。

07　为执行加一点“主人翁精神”

清华大学访问学者高贤峰博士在《新主人翁精神》中提到“做岗位主人，为自己打工”的概念。讲的就是一种主人翁意识，告诉我们要站在老板的立场上考虑问题。

世界500强员工有一个相同的心态，那就是以老板心态去工作，能够站在老板的立场思考，以主人翁的态度对待公司，从而积极主动、自发自觉地工作，为企业的发展贡献自己的力量。

“我属于这个企业，并不仅仅因为我在这里工作，而是因为我的内心告诉我，我对企业负有责任，我必须忠诚于我的企业。”在一个企业年终总结大会上，一位获得嘉奖的优秀员工这样说。一个人属不属于一个企业，关键看他的心在不在这个企业，他有没有以主人翁的心态为企业发展贡献自己的力量。

以紫色承诺为使命的联邦快递宣称每个联邦快递人身上都流淌着“紫色的血液”，这种“血统”将每位员工都视为公司这个“大家庭”的成员，无疑加强了每位员工的主人翁意识。在这种主人翁意识的支配下，每个联邦快递人都以主人的心态为公司这个家贡献着自己的力量。

在公司创建早期，每一个联邦快递人都有属于自己的传奇故事。

克拉克是公司的货车司机，他在公司已经工作30年了。他进入公司时，联邦快递刚开始运营，由于每年都在亏本，公司资金捉襟见肘已成为家常便饭。有一次，出车送货前，克拉克发现油箱中的汽油不多了，便提着油桶去后勤部提油。后勤部门的负责人告诉他，公司的库存油三天前就已经耗尽了，由于资金一直拨不下来，至今仍一滴油也没有。“嘿，伙计，”他说，“你还是自己想想办法吧。”

与联邦快递面临的困境一样，克拉克当时的生活也很窘迫，身上只有几美分。他低头看着手中空荡荡的油桶，突然看到了腕上的手表，立刻有了主意。克拉卡当掉了手表，凑够了油钱，在加油站加满油后，他开着货车又忙着去送货了。

主人翁意识让员工意识到肩负的使命，为达成使命全力以赴。正是在众多像克拉克这样充满主人翁意识的员工的积极努力下，联邦快递才走出了窘境，最终得以稳步发展。

只有具有主人翁意识，你才会感觉到自己存在的价值；只有具有主人翁意识，你才会感觉到自己所做的一切都是那么的理所当然。具有主人翁意识的员工，不管你现在如何，都会比那些只把自己当作雇员的人更容易成功。

有一位员工是一家连锁餐饮集团公司的普通营业员，因为平时工作表现好，曾多次被评为最佳店员。有一次，这家连锁店里突然发生了一起意外事件，一位食客在进餐时突然倒地，四肢抽搐，口吐唾沫，众人纷纷怀疑是食物中毒，甚至有人拿出电话通知报社和电视台。在这关键时刻，这位店员镇定自若，一方面指挥其他店员打急救电话，一方面竭力安抚顾客，保证这不是食物中毒。她告诉大家，食物绝对

没有毒，并冒险当场吃下很多饭菜。为了防止谣言扩散，她还请求大家等待急救车的到来，由医生评判。

不久，急救车来了，经验丰富的医生告诉大家，所谓“中毒”顾客实际上是典型的“羊角风”发作，不过凑巧赶在这样一个场合，大家尽可以放心。一场危机就这样过去了。

这位员工正是本着主人翁的心态，在公司发生意外事故时担起了责任，勇敢而机智地避免了一场危机的上演。

主人翁精神对于一个企业的竞争力来讲，是非常重要的。如果每一个人都有主人翁精神，都把公司内部的事当作自己的事来做的话，公司在无形当中就会产生强大的竞争力。以主人翁的精神为企业贡献自己的力量，这样的员工永远不用担心失业，因为企业最需要的就是这种具有主人翁意识的员工。

08　时刻像老板一样为公司着想

国内一家知名企业的高管曾讲过这样一个故事：

主角是这家公司在美国分公司的一位员工，是一位美国小伙子。

这个小伙子很强壮，也很有责任心。每次工作的时候，他都会在头天晚上把货装好，第二天早上5点他就开始送货了。有一次，这个小伙子为公司送货，从圣地亚哥到洛杉矶一圈跑下来，一下子跑了将近1000公里，已经人困马乏，这个时候，他临时知道有个地方又要货，他车上正好有货，就又转弯多跑了200公里，等到他回公司的时候，整个人坐在那里就瘫掉了。这位高管就问他："你这么累干吗呢？明天送不就行了吗？"

这位小伙子的回答让人很感动，他说正好我离得也很近，客人要货也要得急。最后他说了一句口头禅："只要对公司有好处！"

"只要对公司有好处！"这句话很简单，并不是什么豪言壮语，却代表了一种很可贵的职业精神，即从公司角度而非个人角度来看问题。

这句话应当成为我们每个人的工作准则。公司是集体的事业，而非个人的事业，因此，我们在公司做事情就要从公司的需要出发。在公司中，每个人应当以公司为坐标给自己定位，主动去做公司需要的事。

只要对公司好，我们就要努力去做。

经常从经营者的角度去审视自己的工作，这样才能够更好地发现企业的需要，知道什么是对公司好的事情。

国内曾有一家工厂，为了进一步加强工厂的凝聚力，培养员工的主人翁意识和责任感，实行了一项独特的管理制度，即让员工轮流当厂长管理厂务。

工厂每逢星期三就由一名基层员工轮流当一天厂长，负责管理工厂的业务。“一日厂长”上午9点上班，听取各部门主管的简单汇报，对整个工厂的经营情况有个全盘的了解，然后陪同厂长到各部门、车间去巡视工作情况。这样做，不仅能让一日厂长熟悉其他部门、车间的业务，还可以开拓他的视野，了解工厂、车间之间相互协调的关系，以便让他自己更好地加强合作。

一日厂长可以对企业管理提出自己的看法，也可以对企业提出批评意见，并详细地记载在工作日记上，让各部门相互传阅，各部门有则改之、无则加勉。改进工作的部门要在干部会议中提出成果报告，只有当干部会议认可后才算结束。

一日厂长有处理公文的权力，对各部门、车间主管送来的公文，他按自己的意见批示后，交送厂长酌定。一日厂长制经过一年多的实践，该厂的员工有40多人当过厂长，节省了成本200万元，收到了显著的实效。工厂把这部分钱作为奖金发给全体员工，又一次增强了大家精诚合作的向心力，令同行羡慕不已。

“一日厂长制”提高了人们的主人翁意识和责任心。俗话说，“不当家不知柴米贵”，只有当了厂长，企业兴亡担于一身，才能够从公司发展的角度去审视自己行动的意义，才能够定好自己的位，使自己成为公司发展的中坚力量。

如果看问题只懂得从个人角度出发，不能从领导者和企业发展的角度上去思考，就会导致本位主义和个人主义流行，为公司的发展带来很大的隐患。工作中每个人都应该站在老板的立场上考虑问题，要把公司的大事小情都纳入到自己所考虑的范围之内，我们才能拿出更加积极主动的态度为公司服务，才能更有利于发挥自己的作用。

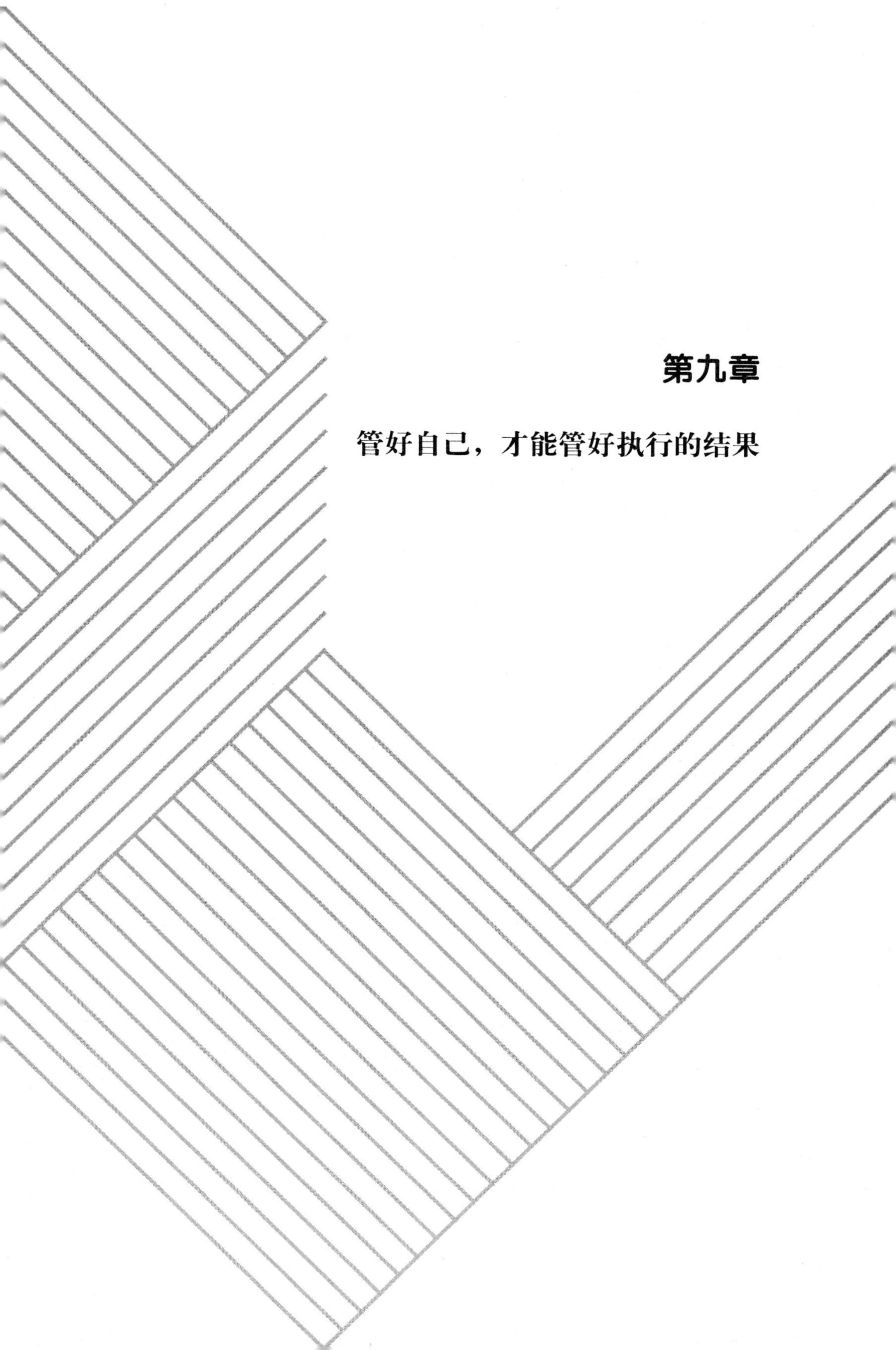

第九章

管好自己，才能管好执行的结果

01　纪律是执行力的第一要素

一个战略规划如果不能得以执行，或者执行不力，它再正确，也无异于“纸上谈兵”，最终只会付之东流，企业丧失发展、成长的机会。所以，如果想要战略计划得到真正意义的实施，最关键的就是员工有纪律意识，纪律是执行力的第一要义。

IBM 前总裁郭士纳认为：“一个成功的企业和管理者应该具备三个基本特征，即明确业务核心、卓越的执行力及优秀的领导能力。”仅有战略，并不能让企业在激烈的市场竞争中脱颖而出，而只有执行力才能使企业创造出实质的价值。失去执行力，就丢失了企业长久生存和发展成长的必要条件，没有执行力，就没有企业核心竞争力。

英特尔从创立开始就非常强调纪律，处处都有明确的规定。每天早上的上班制度，就是最好的例证。英特尔的几个主创办人在仙童公司的时候，每个人每天都可以来去自如，上下班时间完全“自由随意”，根本没有人管你是几点钟到。而在英特尔，每天上班时间从早上 8 点整开始，8 点零 5 分以后才报到的同事，就要签名，被认为是迟到。即使你前一天晚上加班到半夜，隔天上班时间也仍是上午 8 点。这和 20 世纪 70 年代个人享乐主义凌驾于一切的美国人的观念，有些背道而驰，可是英特尔公司的这些制度却延续至今，始终如一。他们之所以有这样的规定，是因为纪律为员工提供了可参考的行为准则与道德准则，只有

纪律才能确保执行力度。

一项制度，它的严格实施与否关乎一个企业的生死盈亏。一个科学的制度是执行理念，不是形而上学的摆设，更不是可有可无的装饰品。它不仅是执行的依据，更是贯穿着整个执行过程的核心精神。许多执行不力的结果都是没有把制度和纪律贯彻到底的结果。

没有纪律意识的表现就是：

1. 违背规章，投机取巧

在一些公司经常出现这样的情况：员工经常牢骚满腹，抱怨老板的苛刻和公司制度的严格，而不愿兢兢业业、尽心尽力地工作，一会儿工夫就要偷懒或投机取巧，没人监督几乎就不能工作。

一般人都有正常的能力和智力，但很多人为什么没有获得成功呢？很大一部分原因就是他们习惯于违背规章、投机取巧，并且不愿意付出与成功相对应的努力。他们渴望到达顶峰，却又不愿走艰难的道路；他们渴求胜利，又不愿为胜利做任何一点牺牲。投机取巧和无所事事都会令人退步，只有努力而勤奋踏实地工作，才能带给人真正的幸福和快乐，并为个人的职业发展打下良好的基础。一个想要获得空间自由的人，是必须以严格遵守纪律为前提的。

2. 无视纪律，做事轻率

许多人之所以失败，往往归咎于他们的粗心大意、莽撞轻率。许多员工做事不求最好，只求差不多，没有把纪律放在心上，也并不严格要求自己。这种懒散、马虎的做事风格很容易转化为习惯，人一旦染上了这种坏习惯，就会变得不诚实，这对执行力、对执行结果都是一种极大的伤害。

现代社会，公司如果没有核心竞争力，将会逐渐走向衰落，而不具备核心能力的人，同样注定不会有太大的职业发展。

3. 玩忽职守，好高骛远

曾经有人说过："无知和好高骛远是年轻人最容易犯的两个错误，也常常是导致他们失败的原因。"许多人内心充满梦想与激情，可当他们面对平凡的生活和实际的工作时，就会无计可施、无从下手。他们常常聚在一起，畅谈他们的未来和梦想，好像博古通今才能非凡，可一旦面对具体问题和事情，一涉及自己平日里的实际工作行业情形时，就茫然不知所措。

企业的营运和发展固然需要有整体性的规划和全局性的战略思考，但更需要有将种种规划与构想加以实施、完成实际事情的执行力。"说话的巨人，行动的矮子"式的员工，永远不会给企业带来实质性的影响。作为员工，不管未来发展的前途如何，我们都不要好高骛远，而要脚踏实地，忠于职守，做好每一件小事，具备绝对高效的执行能力。

凡是事业上有所作为的人，都是踏踏实实从简单工作开始，慢慢发展起来的。他们通过做一些微不足道的小事找到自我发展的平衡点和支点，调整心态，积蓄力量，才逐步迈进成功的大门。

请记住：优秀员工遵守纪律，末流员工无视纪律。纪律是执行力的第一要义，你的执行力又决定着你工作的绩效和人生的成败。

执行的关键在团队。企业是一个执行的团队，这个团队的执行力分解到个人就是执行，企业的团队执行力最终表现为企业在市场中的竞争力。"心往一处想、劲往一处使""全心全意，令行禁止"，这样才能保证团队行动方向的一致性、行动步伐的统一性。一个人能力再强，如果不能与企业这个团队荣辱与共，没有纪律意识，不能与团队其他成员合辙合拍，最终只会是企业的"拖累"、企业前进的"负力"。

02　坚决服从才能确保执行的顺利

关于服从，余世维博士提到了六大准则：

（1）老板绝对不会有错；

（2）如果发现老板有错，一定是我看错；

（3）如果我没有看错，一定是因为我的错，才害老板犯错；

（4）如果是他自己的错，只要他不认错，那就是我的错；

（5）如果老板不认错，我还坚持他有错，那就是我的错；

（6）总之老板绝对不会有错，这句话绝对不会错。

为什么要服从呢？因为只有服从，才能确保执行，才能将执行进行到底。

下面这个故事将会为我们阐述什么是执行到底的精神。

杨根思是中国人民解放军全国战斗英雄和中国人民志愿军特级战斗英雄。江苏泰兴人。1944 年 2 月参加新四军。1945 年 11 月加入中国共产党。1950 年 10 月参加中国人民志愿军。他作战勇敢，屡立战功，被誉为“爆破大王”，被评为“华东一级战斗英雄”“华东三级人民英雄”，获“全国战斗英雄”称号。

1950 年 11 月，他所在的连队在长津湖地区奉命扼守下碣隅里外围制高点 1071 高地以阻敌南逃。29 日，号称“王牌”军的美军陆战第一师开始向小高岭进攻，猛烈的炮火将大部分工事摧毁。他带领全排迅速抢修工事，做好战斗准备，待美军靠近到只有30米时，他带领全排突然射击，迅猛打退了美军的第一次进攻。接着，美军组织两个连的兵力，在8辆坦克的掩护下再次发起进攻，他指挥战士奋勇冲入敌群，用刺刀、枪托、铁锹展开拼杀。激战中，又一批美军到达山顶，他亲率第7班和第9班正面抗击，指挥第8班从山腰插向敌后，再次将美军击退。美军遂以空中和地面炮火对小高岭实施狂轰滥炸，随后发起集团冲锋。他率领全排顽强抗击，以"人在阵地在"的英雄气概，接连击退美军8次进攻。当投完手榴弹、射出最后一颗子弹，阵地上只剩他和两名伤员时，又有40多名美军爬近山顶。危急关头，他抱起炸药包勇猛地冲向敌群，与敌人同归于尽。

"人在阵地在"是一种绝对全力以赴、执行到底的精神，这是人民解放军战士和这个团队内在素养的折射。全力以赴、执行到底才能够使他们对自己的岗位忘我地坚守，出色地完成任务。

事实上，不仅军队如此，所有的工作也都需要全心全意、尽职尽责才能做好。一个人无论从事何种职业，都应该全力以赴，尽自己的最大努力，以求得不断的进步。这不仅是工作的原则，也是人生的原则。如果没有了职责和理想，生命就会变得毫无意义。那些取得成功的人，一定在某一特定领域里进行过坚持不懈的努力。

荷兰壳牌石油公司人事部经理舒曼德·尤里因在描述他心目中的优秀员工时说："我们所急需的人才，不是那些有着多么高贵的血统或者多么高学历的人，而是那些有着钢铁般的意志与毅力、能够战胜一切困难、将任务执行到底的人。"

这是多么掷地有声、发人深省的一句话啊！每一位在职场中拼搏

并渴望获得成功的人，都应该把这句话铭刻在自己的内心深处！

一个人能不能完成工作，将任务执行到底，关键在于是否有钢铁般的意志与毅力，是否能够服从命令、服从安排、服从指挥。

03 把个人目标融入团队目标

有的人在工作中，自身的能力得不到发挥，原因有很多，不能把个人目标融入到团队目标是主要原因。如果个人目标和团队目标背道而驰，那么再多的努力都对公司的发展起不到任何增益效果。如果你认同团队的目标，那么你将从融洽的人际环境中感受到工作的独特价值，找到工作的意义。

一滴水只有融入大海，才永远不会枯竭；一个员工，只有充分地融入整个企业、整个市场的大环境中，他的才能才可以得到充分地发挥，才能为企业创造最大的效益。

井深大刚进索尼公司时，索尼还是一个只有20多人的小企业。但老板盛田昭夫却对他充满信心地说："我知道你是一个优秀的电子技术专家，就像好钢要用在刀刃上一样，我要把你安排在最重要的岗位上——由你来全权负责新产品的研发，怎么样？希望你能发挥榜样的作用，充分地调动其他人。你这一步走好了，企业也就有希望了！"

"我？我还很不成熟，虽然我很愿意担此重任，但实在怕有负重托呀！"虽然井深大对自己的能力充满信心，但是他还是知道老板压给他的担子有多重——那绝对不是靠一个人的力量能应付过来的。

"新的领域对每个人都是陌生的，关键在于你要和大家联起手来，

这才是你的优势所在！众人的智慧合起来，还能有什么困难不能战胜呢？”盛田昭夫很自信地说。

井深大一下子豁然开朗：“对呀，我怎么光想到了自己？不是还有20多名员工吗，为什么不虚心向他们求教，和他们一同奋斗呢？”

于是，他先找到市场部的同事一同探讨销路不畅的问题，他们告诉他：“磁带录音机之所以不好销，一是太笨重，一台大约45公斤；二是价钱太贵，每台售价16万日元，一般人很难接受，半年也卖不出一台。您能不能往轻便和低廉上考虑？”井深大点头称是。

然后他又找到信息决策部的同事了解情况。信息决策部的人告诉他：“目前美国已采用晶体管生产技术，不但大大降低了成本，而且非常轻便。我们建议您在这方面下功夫。”他回答：“谢谢。我会朝着这方面努力的！”

在研制过程中，他又和生产第一线的工人团结合作，终于一同攻克了一道道难关，在1954年试制成功日本最早的晶体管收音机，并成功地推向市场。索尼公司由此开始了企业发展的新纪元！

井深大并没有因为自己是电子技术方面的专家就看不起别人，拒绝同别人合作。相反，他放下姿态，积极地与市场部和信息决策部的同事合作，在企业中充分地发挥了领导的作用，调动了每一个员工的积极性，把团队的力量发挥到了极致，终于取得了伟大的成就，而他自己也荣升为索尼公司的副总裁。

一个人的成功算不上成功。一个人无论能力再强，职位再高，只要不把个人融入集体之中，就实现不了利益的最大化。只有把个人的力量融入到整个团队中，充分调动每一个团队成员参与的积极性，大家齐心协力，共同配合，才能将集体力量发挥到最大。

在你进入一家公司之后，你就是公司的主人，小到和你所在的团队，大到和公司要保持同步发展，这是你义不容辞的责任。融个人目标于团队目标之中，才能确保执行方向的正确，只有方向对了，你的执行才能呈现出好的结果。

04 主动性是高效执行的保障

著名的贝尔实验室和微软公司围绕着“是什么样的特质使优秀员工创造出 10 倍于普通员工的成绩”的主题进行了 10 年的研究，终于发现了一个令人吃惊的结论——要成为一名优秀员工，你无须拥有非常高的智商，只需改进工作策略，发挥出自己巨大的潜能，在需要改进的工作策略中，最能体现出优秀员工和普通员工的差异。

是的，优秀员工与普通员工的区别就在于，当别人都在静待老板的指令和吩咐时，他们已经发挥自己的主观能动性，出色地完成了任务。面对任务时，他们又总能积极面对，迅速落实。任何时候，他们都比别人更自觉、更主动。他们不仅能圆满、快速地完成自己的任务，还会忠心耿耿地为老板考虑，提出尽可能多的建议和信息，他们也会因此得到提升和赏识。他们比别人多一点自觉，相应也就多一点机会。

在很多人眼里，晓莉的运气特别好。

她的专业在这个行业里并不占什么优势，长相一般，能力也并不出类拔萃，但她在进入公司后短短的两年时间里，在每一个部门都做得有声有色，每一次调动都令人刮目相看。关于她的升迁，大家一致认为是好运气眷顾了她，给了她得天独厚的机会，否则她凭什么从人事部文员到营销部经理，一路绿灯、一路凯歌呢？

只有她自己清楚机会是怎么得来的。

进这家大公司的时候，专业优势不明显的她先被分到人事部，做一个并不起眼的文员。

在那个部门，能言善道、八面玲珑的女孩子和深谙权术、能力平庸的男人比比皆是。她不惹是非，只是恪尽职守。不过偶尔露露峥嵘，比如，发现别人输错了数据，她悄悄地就修正了，并不大肆渲染。领导让她做什么，她就竭尽所能，总是在第一时间做到让人无可挑剔。别人扎堆抱怨工作百无聊赖、老板苛刻、地铁太挤时，她在悄悄熟悉公司的各个部门、产品以及主要客户的情况。

有一次营销部经理偶尔经过她的办公室，看到了她在处理一件小事情时表现出的得体和分寸，就打报告要求她去顶他们部门的一个空缺。营销部令她的世界骤然广阔起来。同原先一样，她的特色就是默默地努力。半年后，她的几份扎实的调查分析报告，为她赢得了一片喝彩。一年后，她已经是营销部公认的举足轻重的人物了，看到她在会议上气定神闲、无懈可击的发言，原来人事部的同事都大跌眼镜。

刚刚荣升营销部经理不久，老板请她喝茶，问她愿不愿意接受挑战，去情况并不乐观的北方公司。

晓莉选择了库存积压最厉害的第一销售处，开始了她的第一步工作。寒风凛冽的冬天，她一个人借了一辆自行车，找代理公司产品的代理商，了解产品滞销的原因。几个月后，情况就开始明显改善了。

晓莉的经历告诉我们，面对任务的多艰难、多复杂，自己感兴趣的，还是不感兴趣，甚至厌恶的，都要充分发挥出主观能动性，不要逃避。这也是她之所以成功的原因之一。

作为一名员工，如果你想成为受组织器重的人，就必须满腔热忱

地对待组织安排的任何一项工作，而不是跟组织讨价还价、计较得失，进而分内工作欠账，相邻工作踢皮球，集体工作漠不关心，对人对事孤傲、偏激。你应当知道，对组织而言，需要的绝不是那种讨价还价的员工，而是工作积极主动、勇挑重担、敢于承担责任的人。

对工作的热情是可以培养的，主要靠自身去刻意地造就自我、磨炼意志，时时刻刻提醒自己，你正在从事的工作是自己最喜欢的工作，也是自己进步的台阶，更是自己走向成功的起点。这时，你会发现工作是那么有意义，那么有价值，你的潜能会得到充分的调动。你还会发现，你的工作不再是一种负担，而是一种人生进取的快乐节奏。为快乐而工作，即使面对艰巨的任务，也会完成得很完美。

05　及时完成任务，和拖延说“拜拜”

一个勇于负责的人，无论在何种情况下，对公司安排的任务都不会拖延，而是马上去做自己该做的事。

对于一个以高效执行为奋斗目标的员工来说，立即去做该做的事情是有效执行公司目标任务的具体表现。富兰克林说：“把握今日等于拥有两倍的明日。”在当今职场上，将今天该做的事拖延到明天，而即使到了明天也无法做好的人，占了大约一半以上。

立即执行是目标任务完成的前提条件。一个勤奋的艺术家不会让任何一个想法溜掉，当他产生了新的灵感时，会立即把它记下来。他的这个习惯十分自然，毫不费力。一个优秀的执行者其实就是一个艺术家，他对工作的热爱，立即执行的习惯，就像艺术家记录自己的灵感一样自然。

在一家国有大型企业中，有一位颇具才华的技术科长，他毕业于名牌大学，人品也相当好，只是遇事不果断，爱推脱。20 世纪 80 年代初期，国家正在调整干部政策，知识分子受到普遍重用。不要说他的才华，就是那一张大学本科毕业文凭，也是上级组织人事部门注意的“重点对象”。不久，他就被群众推荐为厂级后备干部。可是，这位科长却长期养成了懒惰的习惯，一听当“官”，顿时直摇头，生怕当干部后没完没了的琐事影响他的正常生活；而且，他书生气十足，错误地认为当今乃技术治国的时代，当不当官无所谓。上级领导几次找他谈话，暗示对他的重用。他个人都表现不佳，思想上没有积极靠近组织，工作上又没有积极主动的表现，结果，组织部门只好把他们科内一位中专毕业的副科长送到国外“深造”培养。两年后，这位副科长被提升为副厂长，不久又被提拔为厂长，现在，已经成了闻名全国的企业家；而那位技术科长，行政职务仍然是科长，再也没有提拔的机会找他了。

这名本来可以成就卓越的科长因为他的懒惰与拖延导致其平庸，实在令人惋惜。

在职场中，懒惰的员工都有一个重要特征，那就是拖延。总有一些员工，他们其实并不忙，却喜欢拖延，即使是想到的事，也懒得立刻动手，前天该完成的事情拖延到后天，这是一种不可救药的工作习惯。对一位渴望成功的员工来说，拖延最具破坏性，也是最危险的恶习，它使人失去许多机会，更让人丧失进取心。而且一旦开始遇事推托，就很容易形成惯性，直到变成一种根深蒂固的习惯。

卓越的人不肯拖延，他们觉得工作就像骑在一辆自行车上，不是保持平衡向前进，就是翻倒在地。效率高的人往往有限时完成工作的观念，他们确定做每件事情所需要的时间，并且强迫自己在预期内圆满复命。即使你的工作并没有严格的时间限制，也应该经常训练自己，当你发现自己能在短时间内做更多的事时，一定会惊讶不已。

06　准确执行，无偏差的答卷才能得高分

执行重在准确，重在到位，重在没有偏差。如果执行不到位，就会造成成本的增加，成本的增加意味着利润的降低。执行不到位的危害不仅仅在于此，在市场竞争空前激烈的今天，执行一旦没有到位，就会在市场上处于被动地位。

2002 年，华为接受俄罗斯一家运营商的邀请，派遣几名技术员到莫斯科，要他们在短短的两个月内，在莫斯科开通华为第一个 3G 海外试验局。

但是受邀请的不只华为一家，第一个被邀请的是一家比华为实力更强的公司，也就是说，华为的员工是受邀前去调试的第二批技术人员。于是，他们就和第一批技术人员形成了一种“一对一”的竞争关系。

由于对手实力很强，一开始莫斯科运营商对华为的技术人员并不是很重视，不仅没有为他们提供核心网机房，甚至不同意他们使用运营商内部的传输网。缺乏这些必要的基础设施，华为的技术员开展工作时受到了很大的阻碍。因此，华为的员工压力很大，他们一直在思考怎样才能做得更好，以赢得运营商的信任。眼看到了业务演示的环节，华为的技术员以为已经没有希望了。

未曾预料的是，恰好这时候，对方的技术人员在业务演示中出现

了一些小漏洞，引起了运营商的不满。为了弥补这些小漏洞，运营商决定将华为的设备作为后备。

于是，华为的几位员工紧紧抓住这个机会，夜以继日地投入到工作中，最终向运营商完美地演示了他们的3G业务。

看完演示之后，运营商禁不住竖起了大拇指，立刻决定将华为的3G设备从备用升级为主用。

就这样，一个准确到位的演示，让华为赢得了机会。相信另一家公司前期也做了很多工作，他们的技术人员付出的辛苦和努力一定不比华为的员工少，但是仅仅由于演示中没有把工作做到位，就被华为抓住了机会，最终华为反败为胜，赢得了项目。

这些不都是“执行不到位，不如不执行”的生动写照吗？执行不到位，就给了对手可乘之机。执行力就是竞争力，没有执行到位，才能在答卷中得到“高分”。比对手先行一步，就不会错过本该属于自己的机会，甚至可以在对手出现失误时及时弥补市场空缺，变劣势为优势，赢得本来不属于自己的机会。